世界第一位樹醫生

約翰·戴維
John Davey

張文亮 著　蔡兆倫 繪

前言

一本書，就像一棵蘋果樹

美國加州的北方，有個地方名叫「蘋果嶺」（Apple Hill），人口很少，生產的蘋果很多。有一年，正值蘋果採收期，我與妻子開車前來，想採購便宜的水果。

到了蘋果嶺，路邊有許多看板，標示著賣蘋果的方向，大都寫著九折，或是八折。我們愈往前開，蘋果的折扣就愈往下掉。忽然，有一個看板寫著：「蘋果免費」。我們看到免費，不禁樂在心頭。沒想到愈開愈遠，別的看板都沒有了，免費的招牌仍指向前。愈往前開路面愈小，柏油路轉成碎石路，到了碎石路的盡頭，才看到一間農舍。

農舍前擺張長桌，上面放了許多蘋果。一對老夫婦，坐在桌邊，對著我們微笑。「真是免費嗎？」我下車問道。「是的。」老夫婦開心的說道。「可以拿幾粒呢？」我有點不好意思。「能拿多少，就拿多少。」他們指著桌上的蘋果說道。我清洗一粒，咬了一口，不禁大讚：「真新鮮，真好吃。」老夫婦一聽，轉身回到屋裡，捧出一大罐，說：「這是我們自製的蘋果蜜餞，也送給你們。」我吃了一些蜜餞，直嘆：「真美妙。」他們又取出自釀的蘋果汁，我們坐下來飲用，並與他們聊天。他們分享蘋果樹的種植與蘋果的採收過程。

離去前，我問道：「為什麼免費呢？」老先生說道：「我們在這裡很孤單，用蘋果吸引年輕人，前來與我們聊天。」

三十多年後，我寫這本書，也許不只是講照顧樹木知識，也是喜歡與年輕人分享。

Content

前言 006

01 農場的孩子 012

02 離開家鄉，更多的學習 018

03 向專家學習 024

04 工作是一份美好的禮物 030

05 移民海外 034

06 紐約的愛樹人 038

07 貴格嶺的高手 044

08 聞海風就知道怎麼種樹的人 050

09 華倫小學的校工 054

10 爬樹的工人 058

11 暴風雪中的印第安人 062

12 堅持樹木不截頂 066

13 飛翔，飛翔在樹梢上 072

14 同行在森林小徑 078

15 情繫大地 082

16 天國的驛站 086
17 成立乾淨樹木種苗場 092
18 不愛批判 096
19 我來了，將使都市更美麗 100
20 紐約中央公園樹木維護案 106
21 照顧樹木是「樹醫」的工作 112
22 異類中的異類 116
23 遇到喜愛樹木的發明家 120
24 決勝在高處 126
25 夢想燃燒的一生 132

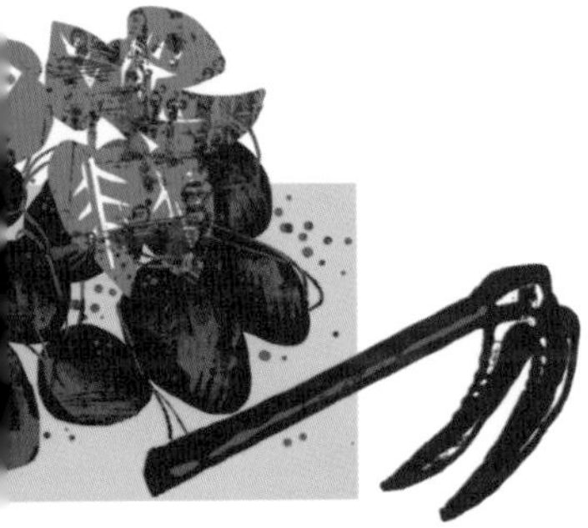

26 全世界第一所照顧樹木的學校 138
27 戴維戰鬥營 144
28 推動孩子植樹 150
29 我看見樹木有看不見的美 154
30 公司就是一個大家庭 159
31 樹木是我的弟兄 163
後記 166

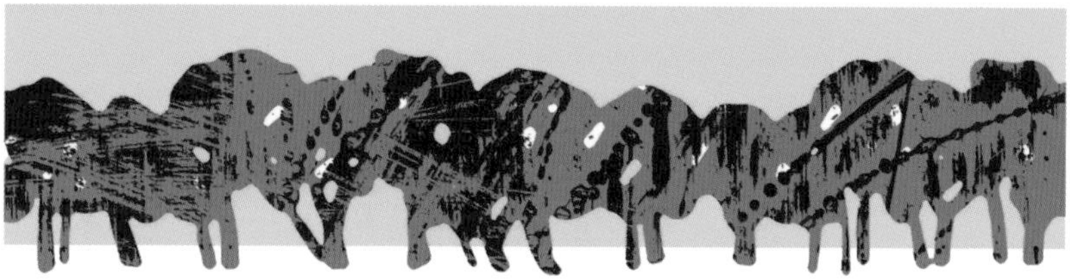

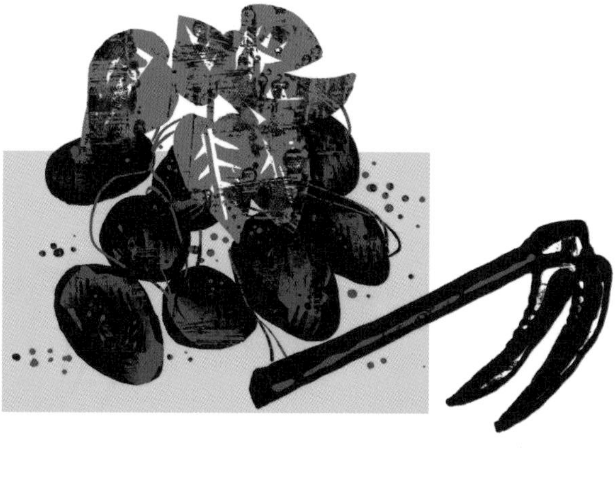

01

農場的孩子

近百年，學校教育制度普及，
許多人以為學校是受教育唯一的地方。
有些人學習表現不佳，就責怪學校不好，
老師不會教，或是課本不好讀。
其實，十九世紀之前，許多人以自學的方式學習。
最終成為非常傑出的人，
他們對社會的貢獻、專業表現，
甚至遠超過接受正規教育的人。
這不是抹煞學校教育的功能，而是彰顯：
教育與自己求學的態度有關，
教育的成果是自己的。
更重要的，教育的目的是使人終生學習。

戴維（John Davey），一八四六年六月六日出生於英國西南方薩默塞特（Somerset）郡的司托里鎮（Stawley），當地以農業與畜牧著名。

他的父親是一家農場的管理主任，沒有受過什麼教育。戴維四歲時，他的母親生病，經常臥床，由父親照顧他。父親照顧的方法是帶他到農場，給他一把小鐵鍬。父親先用自己的鐵鍬挖地，教他仔細看，他再照著父親的動作重覆做。幾天後，他就學會使用鐵鍬挖土了。

一個月後，父親教他把馬鈴薯的塊莖放進土裡，他也跟著做。不久，他看到馬鈴薯成長良好，非常高興。父親也稱讚他，從此他就愛上種植。在家裡，母親會教他讀書寫字。戴維在他的著作《樹醫生》(*The Tree Doctor*)中寫道：「父親告訴我，種植馬鈴薯，最重要的不單是種植的技術，還有認真的態度。一個人若做事負責，成果就會跟上。」

父親的教導與榜樣，使戴維從小工作用心，做事努力。一八五六年，他成為農場工人，經常比一般工人早上工，比別人晚回家。遇到不懂的就問人。

當時，司托里鎮沒有公立學校，只有有錢家庭的孩子才能請家教學習。工人的孩子要受教育，只能自學。當時，英國百分之九十以上的人沒有機會接受教育，直到一八七〇年代，議會通過「國民義務教育法」，才廣設小學。戴維曾寫道：「我強烈的想完成父親每天交給我的任務。馬鈴薯愈長愈好，引發我更強的學習動機。想知道馬鈴薯為什麼這樣種植，卻不那樣種？」父親照著自己的經驗，教導戴維。

父親看他種得起勁，又教他種植大麥、小麥與燕麥。一八五七年，母親病逝。戴維很難過。孤單時，戴維就一個人到田裡翻土、拔草，把難過的心情都往心裡塞。後來，他繼續學習灌溉、施肥、除蟲等等技術，他說：「照顧作物是辛苦的工作，我卻感到喜悅。我知道，在這裡種植作物，不只可以賺到工資、貼補家用，還可以供給許多人食物。」

農場有些工人叫他不用那麼認真。農場工作永遠做不完，每個月工作的薪水都差不多，而且，收成的利潤大都歸農場主人所有。戴維卻不這麼想。他認為：「時時注意作物的生長，注意觀察作物，在不同季節，會長成什麼樣子；這些學習的心得、工作的經驗，都是自己的。累積一定的經驗之後，原有的工作愈來愈輕省，我就再學習別的。只把工作當成有趣的事，擁有喜悅的心情，就能最有效率的工作。」

中午休息的時候，農場的老工人會聚在一起吃便當。戴維常坐在他們中間，一邊吃便當，一邊為他們倒茶水，聽他們分享工作的經驗，彼此討論工作內容。老工人發現這孩子認真聽，做事也勤快，又會服務，他們分享的內容也就愈多。

聽了老工人分享的寶貴經驗，戴維就在工作上實踐。農場很大，他能實踐學習的空間也很大。野外操作需要體力，使他早睡早起，身體強壯。戴維在書中寫道：「許多人認為學習就是在學一門技術。為了時髦，甚至看不起傳統的技術。其實，學習技術，攸關個人成長。技術純熟，來自個人的經驗成長；不斷向他人學習，又能使技術改善。學習技術，不僅是獲得個人經驗，也獲得社會經驗。」

一八五八年，戴維已經可以獨力種植馬鈴薯與各種作物；到了一八六〇年，他會操作農場各樣的工具與設備；因此，一八六二年，他十六歲時成了領班，負責農作種植。此外，他也學習照顧乳牛與堆肥製作。不過，無論他怎麼用心種植，就是無法像父親那般擁有那麼好的收成。

有一天，他問父親其中的道理。父親告訴他：「農場要有美好的收成，不能只關心農作物的栽培，也要關心周圍樹木是否生長良好。農場的周邊要有樹木，蜜蜂才會到農場幫忙授粉；有樹木，才能擋住吹到農場的海風。」

父親又說：「農場要照顧得好，首先要讓周遭的樹木長得好；樹木要長得好，就需要人去照顧。」戴維照著父親的教導去照顧樹木，沒想到父親的建議，把他由園藝與農藝栽培，引向照顧樹木的工作。

誰也沒想到，一個在農場周遭默默的觀察樹木的孩子，在二十五年後，竟使世人看待樹木的眼光，有著革命性的改變。

02

離開家鄉，更多的學習

在野外工作時，
他逐漸喜歡樹木。
他認為樹木的功能，
不是只做為農場的邊界，
不是只提供工人休息的蔭涼，
不是給人撿枝燒柴之用。
樹木具有指標性，
照顧好樹木，當環境有所變動時，
樹木的周圍將會穩定。

一八六六年，二十歲的戴維升任農場的工頭，已經可以接續父親的職務了。這時他卻選擇離開故鄉，前往英格蘭南端的「托基」（Torquay）。父親支持他，認為農場的技術他都學會了，而出外學習可以開拓視野。托基靠近北海的海邊，環境優美、氣候宜人、陽光充足，是歐洲富有的老年人前往英國休養的地方。

托基的老人休養園區，以種樹出名。休養中心有許多樹木與花園，老人在樹下乘涼、喝茶、聊天。他曾說：「上帝起初創造伊甸園，將人放在園中，修理看守，可見照顧樹木是美好的工作。有樹木的地方，容易使人身心愉快，有益健康。」

戴維是快樂的學習者，在工作中找到學習的意義與熱情。很快的，他升任樹木園區的技術工，照顧許多樹木與花朵。他說：「照顧樹木的樂趣，不單是知道怎麼做、什麼時候做，更要知道為什麼要這樣做。」

他邊學邊做，逐漸發展出獨特的技術。他用爬樹的方法，檢查樹木的生長狀態。他在書中寫道：「照顧樹木的人，應該是第一個見證樹木問題所在的人。我用爬樹的方式，親眼去察看樹木哪裡有問題。健康的樹枝，可以承受我的重量，而一踩就快斷枝的地方，那裡一定有朽爛。」

「我工作之餘，經常走到野外，看大自然的風，如何『修剪』樹木。有的樹木經過修剪後，長得更壯，枝葉茂盛，結實很多。有的經過風害，樹幹傾斜，樹枝弱化，甚至死亡。大自然有許多例子，教導我對合適的修剪與過度的修剪，能準確判斷。」

戴維開始模仿大自然的修剪，使樹木長得更強壯、更美，開花、結果更多。過度的修剪，會使樹木受傷，難以復癒。完全不修剪，對樹木也不好；一陣大風，就能使這種樹木傾倒。戴維經常出去旅行。他說：「我照顧樹木的方式，仿效大自然。旅行與閱讀大自然，是我學習管理樹木的自我教育。」

戴維的大自然之旅，沒有什麼偉大的動機，只是喜愛樹木，單純的向大自然學習。有一次旅行途中，住在一個森林邊的小鎮，小鎮旅舍的老闆告訴他：「昨夜森林裡倒下一棵大樹，倒下的聲音大到像是一列火車通過。」戴維聽了很興奮，只想立刻趕去看看。老闆攔住他：「年輕人，動作要慢一點。倒下的大樹旁邊的樹木，也有可能會倒下。你去看樹木，先要注意自己的安全。」

戴維點點頭，他照著老闆指示的方向前往。老闆不放心，還是陪他去。走了很遠，才到大樹倒下的地方。他說道：「大樹倒下一定有原因，我走近察看，才看到樹幹接近根部的地方，已經被蟲蛀得像是鱷魚的牙齒，成排的孔洞化。樹幹纖維的孔洞化，是這棵樹倒下的原因。」

經過這件事，戴維經常獨自在森林裡露營，他認為親近樹林是學習照顧樹木的第一步。「有一晚，我在林中聽到樹枝斷裂的聲音，我屏住呼吸，專注的傾聽。清早，我去察看，發現樹枝與樹幹的接觸處，早已腐敗，樹木無法支撐，就任其斷掉。由斷枝周邊所留下的痕跡，知道這些腐爛早就呈現了，我才體會樹木早期的病症是可以看出來的，若任其腐爛，不去處理，將來一定會斷枝折幹，甚至導致樹木死亡。」

戴維認為樹木理想的外型，應該接近它生長在大自然時原來的形貌，才能兼具樹木的強壯與美。

有一次，他看到路旁某個庭院中有棵杜松，葉片枯黃、樹幹中間腐朽，連樹尖都不見了。他表示：「杜松生長在大自然的形狀，是金字塔形，底部寬大，頂部較尖。」他去拜訪屋主。屋主告訴他：「我正準備要將這棵長相不佳的杜松砍掉。」戴維告訴他：「這棵樹還沒死。經過處理，它或許可以再展風華。」

屋主答應讓戴維處理。戴維將這棵杜松染病的部分剪除，剪下來的枝葉立刻移除，以防感染。杜松的底部則用銅線框住、定位，加以支撐，並製作支架導引樹枝的生長方向，做為日後生長的樹形。戴維給杜松施肥，常來維護。他說道：「照顧一棵樹，不是修修剪剪就可以了，而是要長時間看顧，直到這樹成為一棵美麗的樹。」

有一天，戴維又去訪問屋主，屋主非常客氣的請他進屋喝茶，說：「來到我家的客人，都說門口這棵杜松長得真好看。他們離去時，甚至又說一遍。你要收多少費用？」戴維說：「能有機會救回一棵樹，就是我的滿足。」

03

向專家學習

樹木有價值，因為樹木有生命。
樹木生病了，需要悉心醫治，
這是「樹木病蟲害學」。
樹木衰弱了，需要恰當的補充養分，
這是「樹木營養學」。
樹木生長不好，生長的地方要改善，
這是「土壤改良學」。
樹木的果實要多，開花要好看，需要修剪，
這是「樹藝學」。
樹木所需的水分，不足時要補充，
這是「樹木灌溉學」。
樹木有生命，存在有目的，我們要珍惜。

因此，每一棵樹木倒下，

我們豈能沒感覺？

一八六七年，戴維離開托基的老人看護中心。他成為旅行家，四處向人學習照顧樹木的技術。

他到「愛丁堡皇家植物園」、「倫敦皇家植物園」等地上課，學習樹木學。他有滿腔學習的熱忱，並在工作中不斷發現新問題，但是當時人們對樹木的知識普遍不足，有實際經驗的人更少。他幾乎是這裡學一點、那裡學一點，自己再組合。後來他留下來的樹木管理紀錄，大都來自於他工作現場的實錄，內容充滿俚語的趣味，反映他的幽默個性。戴維曾說過：「在愛護樹木的人心中，每一棵他照顧過的樹木，都有一個故事。」

例如，他曾去請教「果樹大王」法蘭西（J. French）關於樹木的事。法蘭西對他說：「每一棵果樹都會說話。十月時，葉都掉光，樹木『累了』，我們不要去吵它；進入冬天，樹木『睡了』，可以為樹鬆鬆土，讓樹木睡覺時，呼吸可以通暢些。初春時，樹木『醒過來』，這時會發芽；樹木這時最飢餓，要施放一些樹灰或堆肥在樹旁，為它提供養分。樹木長芽後，無論長葉或開花，幾乎用掉去年儲存在樹內的所有營養，這時再給肥料。」

「長葉時，要注意土壤，土壤若太黏或太硬，樹木將吃不到營養，就會變得衰弱。種植果樹，一定要將土壤弄鬆，讓土壤通氣，樹木的胃口才會好。當樹木開始長葉子時，樹木又會飢餓，必須加快給更多的肥料，否則樹木的葉子會稀鬆，葉片長不大，葉緣會捲起等等。」

「種植果樹的人，能從葉子判斷樹木飢餓的程度。如果照顧者沒有充分配合樹木，樹木會提早落葉，不結果子，甚至倒下死亡。我在倒下的樹木邊，聽到樹木的嘆息：『種樹的人，若不會照顧，當初就不該種。』」

植物營養學的知識，很少以這麼口語化的方式表達。這種口語化的知識傳遞，對戴維日後教導學徒，非常實用。戴維證明，學徒也能成為擁有一流技術的專家。至於法蘭西先生為什麼是果樹大王？這是戴維給他封的。

戴維在旅行的途中，仍經常住在森林裡。他有時訓練自己的爬樹技術，有時傾聽樹木倒下的聲音，他一直注意周遭的危險，他說道：「爬樹的人，身體不能胖，要保持運動的習慣，手腳才會有力。有一次，我身邊的樹木毫無預警的倒下來，我好奇察看，才知道土壤太軟，排水不好，會使樹木傾倒。」

他住在森林中，有時會遇到登山客，大家熱切交談，他會分享他對樹木的喜好，別人也會分享他們的經驗，這對他日後的事業有很大幫助。他寫道：「只有技術、經驗，若不能與社會結合，就不知市場的需要。那就變成徒有技術卻不被需要。」戴維在四處參訪時，也看到一些錯誤的做法。他發現庭院設計，有個嚴重的病態，經常是為趕流行而做，像是以樹木、草坪、爬藤、花朵來搭配造型。過一陣子不流行了，草坪死了、爬藤拆了、花朵丟了，樹木孤零零的站立，僅存可憐的植物，苟延殘存，等著下一波流行來時，再被其他植物來取代。

他曾說：「樹木照顧與庭院景觀，必須以正確的法則為基礎，才不會為了流行而做。追求流行是短暫的，浪費許多金錢，犧牲無數植物的生命。流行的做法，將植物框在人一時的喜好和欲望裡，忽略植物原本在大自然該有的美。追求流行，常給人不合理的衝動，將地形亂整，將水路亂挖，將花草亂種，將樹木亂擺，弄出硬邦邦的地景，失去大自然溫柔的美，失去樹木光影的交錯之美，失去距離遠近的空間層次感。美不是突兀、硬架上去的，美是可以單純的感受，在靜靜的觀察中，理出條理。」

戴維一生堅信照顧樹木是「美的工作」。他認為：「真正的景觀之美，不是看到的，而是體會到的。不為追求流行而工作的人，才能產生有價值的流行。」他照顧樹木，並不是同情樹木的處境，而是肯定樹木的正面價值。「種樹，是增進大地的美。照顧樹木是一份邀約，為大地的美而工作。」

04

工作是一份美好的禮物

是人的尊貴，
使工作尊貴，
而非工作的名望、財富與權力，
使人尊貴。

一八六八年，戴維在倫敦市郊設立一間個人工作室，開始接受委託。他替人種樹，美化景觀，起初都沒有生意。來自窮苦農家的戴維，先到貧民社區舉辦「美化環境」的講座。戴維認為景觀美化，是為幫助窮人。他曾說：「許多人以為窮人沒品味，看不出庭院的美，或出不起錢來整理環境。窮人的住家不好看，就算改善環境，也不會好多少；儘管整理好了，他們也無心去維護。這種錯誤的看法，使窮人的社區愈來愈髒亂。我的工作不是只種植樹木，還包括教導窮人改善他們的環境，而且這不是一件昂貴的事。」

戴維指出：「爬藤很便宜，種植後五到六個星期，就可以看到景觀的變化。爬藤配合老舊的房子，可以凸顯出舊房子的美。爬藤葉子的顏色變化，增添房屋的風采。此外，花朵由種子種起，樹木由小樹培養起，都很便宜。只要省下抽香菸的錢，就可以美化你們的家。香菸燒掉你的健康，花朵、樹木卻使你生活的環境更有朝氣。你要選哪一樣？」他這種做法，引來許多嘲笑。「我請你來工作，是付錢叫你美化環境，不是聽你教訓，更不是要你批評能不能抽菸。」

戴維滿腔熱血，但是眾人並不接受，講座很快的就沒下文了。他發現，要種樹，先要教育人們重視樹；要改善環境，先要教育人們重視環境。

戴維也發現，樹木的問題，其實是人有問題。過去千百年來，沒有照顧樹木這個行業，是因為眾人不重視樹木。樹木長得好就長，長不好就修剪，修剪不好就砍下，再種新的樹木。

戴維告訴人們，樹要長得好、長得壯、長得美麗，就要讓樹長得像在大自然裡生長該有的樣子。一些有錢人要戴維去照顧庭園，要他把樹雕刻成奇形怪狀、扭曲盤旋的樣子，種些不適合該地區生長環境的樹種。戴維與他們起了爭執：「這種種要求，只是在增加樹木的痛苦。樹木本來就不是長那樣子，卻要樹木長成那模樣。」

有些人隨意修樹、砍樹，戴維說這些人是「樹木的屠夫」。有個園藝師傅提醒他：「你應該要注意雇主的需求、符合雇主的需要，而不是依照你對樹木的看法去做。在社會上工作，就是要符合社會的潮流。」戴維卻認為：「社會的潮流，有一天要轉向我的看法——若要種樹，必須照樹的需求，讓樹生長良好，而非完全按照人的需要。」

什麼是真正的窮人？戴維認為：「是吝嗇於不肯花一點費用，去改善他們環境的人。」

05

移民海外

一八六九年，戴維回到家鄉。

出外學習三年，

外表看來，他一事無成，

也沒有賺到什麼錢。

他沒有沮喪，沒有抱怨，

反而有更強烈的動機，

知道自己要完成的使命。

但是世界上只有利用樹木的生意，

沒有照顧樹木這行業。

一八七〇年，英國農業市場大蕭條。政府大量進口海外殖民地的農產品，壓低市場價格，本土農業大受打擊。蘇格蘭的農業區，先是畜牧場關門，而後農場也關門，農田荒蕪。

鄉村的年輕人，有的縱酒，有的吸毒，有的無所事事，整日在街上呆站，或四處遊蕩。

戴維回到父親管理的農場，努力工作，工作之餘去圖書館借書，不使自己在閒暇時陷入情緒的沮喪，或養成不良的生活習慣。他指出：「樹木需要好的根部支撐，才能伸枝長葉。我未來要從事有意義的工作，必須保持有意義的生活。」

都市很多的惡習，也傳到純樸的農村。戴維看到有些鄉下的年輕人，模仿都市人時尚、浮誇的打扮和虛偽的談吐。戴維鼓勵同儕：「鄉村的危機是效法都市，結果走了樣。我們不要跑去追趕都市人的生活，而是在純樸裡儘量學習。」

戴維從小就參加貴格會。一八七〇年十二月，教會的牧師蘭菲亞（John Lanphear）召集會眾，討論要不要移民到美國，開拓一個新鄉鎮？大家世居在這裡，非常捨不得離開。一八七一年，農村經濟持續惡化，戴維的父親建議孩子去美國開拓，不要留在家鄉。父親年紀大了，留守在農場。

蘭菲亞牧師決定前往美國俄亥俄州，那裡土壤肥沃，適合農耕，尤其是華倫鎮，生活純樸。

一八七二年，牧師帶領一群願意移民的會友抵達倫敦，再搭船前往紐約。到達紐約時，湧入的新移民已經很多，牧師先帶大家住在紐約市郊，年輕人到城裡工作賺錢，準備前往俄亥俄州拓荒的費用。戴維到紐約的園藝店工作，他曾說：「我持續學習。持續學習是我的責任，這樣才能解決不斷遇到的問題。」

06

紐約的愛樹人

創業、創業、創業……
在工商業起飛的時候，
許多人都想創業。
但是，最後能創業的人，
都要在過程中
找到省力的槓桿。
如何找到？
他們珍惜每個機會，
看重每一扇打開的門。

戴維在紐約市閒逛時，有一天走到馬馬羅內克（Mamaroneck）區，在路邊看到一棵生長良好的七葉樹（Horse Chestnut）。七葉樹雖然是北美州森林裡最常見的樹種之一，但是在私人庭院裡很少能生長如此的好，戴維便去拜訪這家的主人。

戴維在他的書中寫道：「迪克曼（W. Dickerman）夫婦將庭院的樹照顧良好，成為鄰居的榜樣。這讓我發現會種樹的人，不一定是樹木專家。迪克曼夫婦喜歡樹木，細心的照顧。」

「迪克曼先生告訴我：『讓樹木的下垂枝接觸地面，這是樹木生長最佳的狀態。』我問他：『為什麼？』迪克曼先生說：『這將抑制地面的雜草與其他競爭者，並能減少無數讓樹木生病的菌類。樹木的下垂枝碰到地面，會在樹幹的周遭，形成略為封閉的環境。天氣乾旱時，會有露水凝結其間。有風時，下垂枝內外稍許的溫差，會使微風進入，形成提供樹木根系最佳的保護環境。』」

戴維指出：「我因而了解，要幫助樹木生長良好，關鍵在根系生長要強壯。要有強壯的根系，改善土壤，要讓樹枝的下垂枝，垂到地面上。」

在紐約期間，戴維常去找迪克曼。迪克曼在紐約金融界工作，認識不少有身分、有地位的人。喜好樹木成為他們共同的話題。戴維有天問迪克曼：「你愛護樹木的知識是怎麼來的？是來自賣七葉樹給你的人嗎？」迪克曼搖搖頭說：「賣樹的商人不一定是愛樹的人，他們經常只在乎生意有沒有做成。他們不在乎樹木，不在乎我的庭院，更不在乎我對周遭環境的關心。」

戴維又問他：「是修樹的專家教你的嗎？」迪克曼仍然搖搖頭說：「修樹的專家看到問題，就想用剪刀剪去問題，他們不一定知道如何把樹木種好。他們常把樹木修剪過多，造成日後樹木衰弱，容易染病而死亡。」

戴維想了一想，說：「你也常到森林，看樹木生長嗎？」這問題使他們成為知己，因為戴維欣賞到迪克曼學習照顧樹木獨特的本領。迪克曼說道：「是的，當一棵樹長在一個地方，就賦予那個地方獨特的風采。一棵樹長在庭園，就給庭園一個特質。當一排樹長在街旁，就給街道一個特徵。」

戴維欣然贊同，不過他嘆息道：「可惜『保護樹木』這種美好的看法，只是理想，無法成為一種專業，不能在社會上推廣。」迪克曼樂觀的回應：「就像古老的諺語說的：『與人討價還價，最後一定不是照他要的，而是照你要的。』」

07

貴格嶺的高手

樹木的美，不是初次見面的悸動，
而是持續的美，並帶有前瞻性。
樹木在健康狀態下的美，
是最美好的表達，
也是人們的責任。
照顧樹木，最重要的步驟
是在種植之前，好好的整地，
讓樹木長在好的土裡。

當時，紐約最美的高爾夫球場稱為「貴格嶺」（Quaker Ridge），有一天，戴維在貴格嶺旁的小路散步，他看到一個師傅，帶著幾個學徒在工作。戴維站在路旁觀看，不知不覺的看了幾小時。

他留下紀錄：「那師傅在一片看似荒蕪的土地上，於中央的位置，打一根木樁。他在樁上綁一條繩子，一手持著繩子，一手握著樁釘，走向北邊。他每走幾步，插下一根樁釘，一直將樁釘用完。而後他要學徒照他的做法，朝不同的方向走去。看他插樁釘的位置，以等距離打自己的樁釘。學徒做完之後，現地也就畫下幾個同心圓。

而後他教學徒用鏟子挖土整地，成為中間高、外圍低的地型。他再移除地面上的礫石、打碎硬土塊，鋪上質粒較粗的堆肥，約十五公分深。而後上面再鋪上約十公分深，質粒較細的堆肥，末了又鋪上三十到五十公分深的砂子。」

「他按著每個同心圓，種植不同花朵。在圓心，種植白色的花朵，而後種黃色的花，最外層種深紅色的花。離圓心愈遠，花朵的顏色要愈深。他工作的時候不講話，靜靜帶著學徒做。最好的教育，就是學徒跟著師傅做，自己慢慢的體會，思考師傅為何如此做？」

戴維知道這位師傅是高手，他上前自我介紹。對方不認識他，卻熱情的與他握手，告訴戴維：「我是巴納姆（William Barnum）。貴格嶺的景觀與園藝設計者。」戴維沒想到這身材瘦小，身高約一百五十公分，皮膚黝黑的工作者，是當時紐約最著名的園藝師。

戴維問巴納姆：「我可以當你的學徒嗎？」巴納姆說道：「我的教育是鋼鐵的紀律，才能使學徒種出美好的樹木與花朵。當別人在享受美好的景致時，背後是一群經過嚴格訓練出來的人。嚴格的訓練，才使人有敏銳的觀察，正確的判斷與熟練的技術。」

一八七二年九月，二十六歲的戴維來學整地、種花，製造與施用堆肥。戴維寫道：「他講話簡短、扼要，有學生向他抱怨：『花圃的草長太快，怎麼辦？』巴納姆對他說：『你拔草的速度，一定比草長的速度快。』」

「巴納姆在庭園種樹，都是直直的一排，每棵樹間隔四公尺。學生抱怨：『太規律了，缺乏美感。』巴納姆說：『規律的種植，以後好管理。』學生問他：『什麼地方種花？什麼地方種樹？』巴納姆說道：『潮濕的地方種花，乾旱的地方種樹。』有學生問他：『整地工作很累人，這樣努力，我可以得到什麼？』巴納姆回答說：『工作不為己，就不累。』」

一八七二年十二月，巴納姆看戴維學的差不多了，介紹他去向另一位師傅戴維斯（Julian Davis）學習。

離開時，巴納姆問戴維一個問題：「園藝與樹木景觀，已經存在幾千年了，為什麼對社會沒有什麼影響性？」戴維說：「我只是喜歡植物，從來沒有想過照顧植物要對社會有影響性。」巴納姆說道：「太多人學一點技術，就想當工頭或老闆，以致這行業大都是一個老闆帶少數的工人在工作。若不改變這種狀況，照顧樹木永遠是社會的邊緣行業。」

08 聞海風就知道怎麼種樹的人

十九世紀，紐約的紐波特（Newport），是私人庭院最美的社區，那裡的住宅區，是當時美國最昂貴的地方。庭院景觀專家戴維斯，負責管理該區。任何不起眼的地方，經過他的整治，都可以成為眾人愛住的夢想之地。

戴維去見戴維斯時，一提到是巴納姆介紹的，戴維斯立刻接受。戴維斯說：「從巴納姆身邊出來的人，是值得信任的人。」

戴維說道：「我期待能像他那麼會種樹。他種樹前，先聞聞大西洋吹來的海風味道。我問他理由，他說：『這個味道讓我知道這裡的冬天有多冷。』我看他種山楂樹（Hawthorn），問他：『怎麼知道在這裡適合種這種樹呢？』他說：『我到附近走一走，看看在大自然下，能夠生長最好的樹木，就種它。』我又問：『要去哪裡買樹苗呢？』他說：『我從長得最好的樹上，取種子來種。』」

戴維斯要他的學徒上午五點就來工作。戴維斯說：「照顧樹木的工作，最好的時間是樹木醒來的時間。樹木大都在上午五點吸水，所以上午五點就要工作。照顧樹木的工作，是配合樹木，不是樹木配合我們。我們使樹木長大，使花長得美，種出我們夢想中的樹木與花朵。你如果對樹木沒有夢想，就不要做這行業。」

戴維斯特別重視種樹的土穴（稱為樹穴）。他指出：「種好樹木最花力氣與時間。合宜的樹穴，決定樹木百年的生長。需要將樹穴裡的石塊、黏土，全部取出，將土層中的硬盤（hard pan）挖除，再放入腐植土、腐熟的堆肥，最後放入種子或植株，覆上好土，再用手輕壓。」

「在缺水的地方，在覆土上擺些石頭，夜間可以吸收水氣，補充土壤的水分。在黏土區覆上石塊，可以減少地表龜裂。永遠記得植株間保持足夠的間距，否則以後你種的植物會吶喊：『給我空間，更多的空間。』」

戴維問道：「為什麼許多種樹的人說，『樹木有沒有長好，是運氣的問題』？」戴維斯說道：「凡事講運氣的人，是偷懶，是缺乏準備的人。他們工作前，高估自己的能力，工作時隨隨便便，才會將工作成果歸因於運氣。」

一八七三年五月，戴維與司托里的移民，駕著篷車，載滿生活用品與農場工具、種子，隨著拓荒隊，前往俄亥俄州。離去前，戴維斯告訴他：「許多人從事園藝工作，到了晚年是懊悔的，因為他們的知識與裝備不足，以致大部分的樹木死在他們手中。要記得，照顧樹木的知識是無止盡的，即使有經驗，仍要不斷的學習。」

09 華倫小學的校工

即使，他已經有許多種植的經驗，

仍然期待，在教室裡聽老師講解，

儘管老師的實地操作不如他。

他愛樹木，

期待將所學的任何知識，

思考、消化，而後轉換到樹木身上。

拓荒隊抵達華倫鎮時，鎮上的人口約一千兩百人，附近還有一些小鄉村與幾座農莊。華倫鎮上的貴格會牧師李維斯（Rev. Reeves）接待他們，他們在教會附近搭建帳棚，暫時居住。

大家集資，先買了一個小農場，讓最會種植的人先搬過去，經營農場，牧養家畜與乳牛。在農場裡，由一些人先蓋好了幾間小屋之後，大家再搬過去。戴維寫道：「一間小屋，住了九個男人，有時還接待其他地方來的移民，甚至住到十二個人。這樣實在太擠了，我清晨四點就起床，讓側睡在我身邊的室友可以平躺。從此，我養成清晨四點起床的習慣。」

戴維起床後，就去農場井邊提水給乳牛喝，給種植的玉米、豌豆、南瓜澆水。他喜歡一邊工作，一邊唱歌。戴維一生都喜歡音樂。後來美國有了收音機，而第一個播放古典音樂的全國聯播電臺，就是戴維資助的。

早晨六點，大家起床吃早餐；七點就出外找工作。蘭菲亞牧師問戴維：「你是不是要留在農場工作？」戴維說：「我想要去讀書，期待在學校找一份工作。」華倫小學剛好要雇一名工友，負責打掃環境。戴維去應徵，校長看他的資歷，嚇了一跳，問他：「為什麼要來這裡工作？有什麼要求呢？」戴維說：「我不在乎薪水多少，只期待有機會讀書。」於是，戴維獲得了那份工作。隔天，他搬到學校，工作之餘可以隨著學生上課。

美國在南北戰爭後，開始重視教育普及，廣設學校，鼓勵失學的人到小學與中學的夜間部就讀。戴維一邊當工友，一邊就讀小學六年級。隨後，他就讀中學的夜間部。

一八七四年，蘭菲亞牧師看到新移民都有工作、有安居的地方，就打算返回蘇格蘭的司托里，他還有一些會友留在那裡。臨別時，蘭菲亞牧師召集與他同來的移民，宣布把在華倫的教會併入在地貴格教會，並請李維斯牧師照顧他們。

戴維前來聚會，擔任唱詩班的團員。他在唱詩班裡遇到牧師的女兒貝莎・李維斯（Bertha Reeves）。他還不知道以後他們會成為夫妻，一起工作，成立全球第一家照顧樹木的公司。

即使是低薪的工作，戴維也全力去做，而且做得很好。有人問他：「為什麼當校工也要如此賣力？」他回答：「學校的樹木生長健康，就能給學生好的學習環境。」他認為工作最好的報酬，在工作的意義，而非薪水。

10 爬樹的工人

只為愛護樹木：
他不是馬戲團的表演者，
卻攀繩上到樹梢。
他不是東洋的忍者，
卻在樹枝上跳來跳去。

一八七六年，這所學校逐漸變得有名，附近有些人前來參觀校園——因為學校有個工友，將學校的樹木照顧得很美麗。眾人參觀後，知道這工友不只是花力氣在工作，也用從未見過的技術在照顧植物。

戴維穿一種自製、防滑的橡膠鞋子，站在光滑的樹幹上。他用一條麻繩，一端縛在身上，一端縛在樹上的高處，攀爬到樹上，察看樹木的問題。過去的樹木專家

（Tree Man），是在地上看樹木，頂多是爬上樓梯看。從來沒有人爬到樹頂上察看樹木的問題。

若不是有愛護樹木的熱忱，沒有人會如此做。有人問他：「為什麼要這樣做？」戴維說：「樹木的問題，我要遠看、近看、樹下看、樹幹上看，甚至從樹頂上往下看，才能看出真正的問題。樹木愈高，只在樹下看，愈不易看出問題。在樹下看問題，由於視野有限，一點毛病就誤以為是大問題，甚至將樹木伐倒。其實那些問題，可能對樹木影響不大。」

有人問他：「你爬到樹上，是看些什麼呢？」戴維回答：「在樹上看，才能看清楚哪兒有腐朽枝，哪根樹枝快要脫落，哪裡的樹肩快要剝離。哪根枝子的葉片光禿，哪根枝幹失去彈性，哪個地方長了黴菌，哪兒有蜂窩，哪兒有蟻巢，哪兒有樹洞。在樹上看，會看得更清楚，也知道該如何處理。樹木有樹洞，問題不大，在消毒之後，可以用溶掉蜂窩的蠟來修補。如果初期不修補，將來就成為容易腐朽的地方。」

從這段話開始，戴維開啟日後的「樹醫」（Tree Doctor）的專業。他也提出樹木生病，或有傷口處，是可以消毒醫治的，不要急於砍掉。

「但是，一般樹木專家不會做這事嗎？」有人不解道。「是的。他們只在樹木下看問題，而沒有爬上樹，看真正的問題出在哪裡。許多有問題的樹木，其實可以救活，不需要砍掉。即使我將腐朽的枝條剪去，修剪超過原來樹木的百分之五十，仍然可以救活一棵樹。」

後來，爬到樹上判斷樹況與修補樹洞，成為樹醫的專家技術。戴維不嫌麻煩的爬樹察看問題，這種解決問題的方式，成為日後樹醫的專屬技術。

戴維爬樹的工具，後來也成為爬樹的專屬裝備，更產生了市場需求。戴維喜愛與人分享照顧樹木的技術。他曾說：「大自然的每棵樹、每朵花、每株草的生長，都不是只為自己，所以大自然才會那麼美麗。這提醒我，喜樂的人生，是活著不為自己。」

11 暴風雪中的印第安人

戴維喜歡唱歌，
休息時，他教學生唱遊，
很受學生歡迎。
除了樹木之外，他也喜歡與人溝通。
有些印第安人來鎮上採購物品，
他也向他們學講一些印第安語。

在俄亥俄州的北邊，住著一群印第安人，稱為「易洛魁族」（Iroquoian）。他們善於種植作物，用木材搭建長長的一排屋子，美國人稱為「長屋族」。

戴維仍像以前那樣，常到森林裡看樹。一八七五年冬天，他前往森林，沒想到途中遇到大風雪，他在森林中迷路了。他找到一棵大樹的空穴，做為臨時的棲身處。他等待大風雪過去，沒想到大風雪持續了一天一夜。在飢寒交迫之時，忽然，他在大雪中聽到人的呼叫聲，他立即呼叫回應。

不久，風雪中走出一個印第安人，身邊跟著一隻狗。印地安人帶戴維到部落，給他一些熱食。戴維感謝他，問道：「你怎麼知道我在森林裡？」那印第安人說：「我常在森林看到你。你專注的看樹，大概沒有注意到我。大雪時，我看到你走入森林的腳印，我想你大概會在這場大雪中走不出來，所以去找你。」

戴維問他：「大雪覆蓋我的腳印，你怎麼知道我棲身在那棵大樹的洞穴裡？」那印第安人說：「我如果是你，也會躲在那裡。當然，我的狗也幫了我一點忙。」他拍拍他的狗說道。這印第安人叫歐羅（Oro）。

他們成為朋友後，戴維常到印地安的部落，向他們學習語言。他與新朋友們漸漸混熟，發現印第安人很會種植，並用種的樹來蓋房子。他們向鳥類和昆蟲學習，觀察土壤的狀況，判斷在什麼地方種植什麼樣的樹木。

戴維指出：「印第安人認為樹木是大自然的紀錄，從一棵樹上，他們可以看出許多過去大自然的變化。他們也知道山勢的起伏，對樹木生長的影響。同一種樹在山上或山谷，向風或背風，平地或緩坡，生長的狀況不同，木材的軟硬不同。因應生活上不同的木材用途，他們就到山上不同的地區取木料。」

不久，戴維為部落的孩子，爭取進入華倫小學就讀的機會。他在鎮上租了一間房子，當做部落孩子的宿舍，住宿費用全免。

12

堅持樹木不截頂

他是一個奇特的人，
你若得罪他，他不會計較，
你若傷害樹木，他會叫起來，
大聲問：「你為什麼要這樣做？」
即使許多人稱他是最懂樹木的人，
他仍說：「我還有許多不明白的地方。」
他寫道：「當我看到樹木生病或是受傷，最常問兩個問題是：
『造成的原因，是什麼？』
『以後如何避免這傷害？』」

十九世紀，電機工程開始發展。電機工程師用電線將電力送到住家。電線的重量很重，要從地上架起電線桿支撐。歷史上的第一根電線桿，是一八一六年，矗立於倫敦，由羅納茲（Francis Ronalds, 1788-1873）所立。電線桿起初距離地面四公尺高，所經路線的樹木，都要截頂或砍除。

電線與電線桿隨著電力普及，很快的傳到世界各處。一八四四年，美國豎立起第一根電線桿。

豎立電線桿，很容易與樹木生長的高度牴觸，電線與樹枝在風中摩擦，容易生熱起火。當時電力公司聘請來的樹木專家，將電線桿周邊的樹頂截掉，抑制樹木的生長。

一八七六年，電線桿設立到華倫鎮。電線要鋪經華倫國小，戴維拒絕樹木被截頂。戴維說：「將樹頂截去，所花的時間，不到我修樹時間的十分之一。我告訴截頂的專家：『這樹將被你們糟蹋，我就算花十倍的時間，樹木也不會長回原來美好的樣子。你們自誇速度很快，其實是誇自己的愚昧。你們損毀美好的樹木卻不自知。』你們毀損樹木，無法復原，做為賺錢之道，竟還號稱是樹木專家。」

戴維堅持不截樹頂，與電力公司起了衝突。當時電力公司是半官方的組織，擁有鋸樹的強制權。電力公司的人出面要求他：「電線旁的樹木要截頂，這是保護居民安全的必要措施。」戴維回應道：「這是為求快速而產生的野蠻行為。樹木先長在這裡，樹木有其優先權。後架的電線，卻要求樹要截短。如果這樣，電線經過住家，能要求人們拆掉屋頂嗎？電線桿經過公司，能叫公司遷移嗎？」

電力公司的回答卻很強硬，「樹木不過是美觀的點綴，稍微損毀，是為了公共建設的必要犧牲。」戴維的回應更強硬了，他說：「樹木是大家共有的財產，法律有義務保障公共財產。截短樹木、損壞樹木，是犯罪行為。」

電力公司有錢有勢，怎麼會對一個小學的校工妥協呢？恐嚇他：「拖延電力供給民眾，你是要負責的。何況公司會請樹木專家來處理。」戴維不為所動，他說：「樹木專家，是不懂樹木的白癡與砍樹的屠夫。我不是保護樹木的狂熱者，也不是遭受刺激就愛辱罵人的極端分子。我認為雙方有可以互相妥協的地方，一起達成樹木與電線桿的共存。否則日後電線架設幾千公里，所經過的道路，行道樹大都會死亡。電線桿所經過的地面，將是醜陋一片。」戴維又提出：「在校園電線桿的下方，將樹枝修短，讓樹長得高聳，越過電線，才是解決問題的合理方式。」戴維的看法，廣泛受華倫鎮民的支持。

華倫鎮的居民當中，有南北戰爭的英雄拉特利夫（Brigadier Ratliff），與著名的詩人加菲爾德（John Garfield），他們帶領鎮民，支持戴維保護校園樹木，從此開啟了「保護樹」的運動，不讓樹木被開發單位截頂或砍除。這件事情被俄亥俄州報紙報導，很快的傳到全美各地。

一八七七年，電力公司看情勢不對，終於與戴維達成協議，讓他修樹而不截頂。這件事引起廣泛的注意，更多媒體報導此事。有記者採訪他，他說：「在與電力公司的爭執中，我不認為哪個人要特別被責備。每個人都想做好他那一份工作，若只站在自己的立場、堅持自己的看法，會使樹木受到損害。必須透過協調找到一個折衷方案，來保護樹木。」

戴維也提出樹木不要截頂的原因。「樹木在強風中的搖擺，是以樹頂為中心。截頂的樹木，容易被風傾覆。」他堅持樹木有生命，不要任意損毀。他相信，照顧樹木的人，要愛護樹木，而非動輒伐木。

DAVEY TREE SURGERY

13

飛翔，飛翔在樹梢上

一八七七年，戴維走到哪裡，都有人向他點頭，握手致意。他在學校工作時，有些記者來採訪他；他在森林看樹時，印第安人也出來與他招呼。拉特利夫將軍，常請他去喝茶，詩人加菲爾德家裡的後院，為他蓋了一座保護樹苗的溫室。華倫小學的校園，成為許多老師帶學生參訪的地方。

戴維的知名度，給他帶來其他的工作機會，但是他要留在學校當校工。他說道：「做好事情，需要委身。」

戴維的個性溫和，喜歡與人分享。一八七八年九月，他獨自出資編輯《戴維花藝與地景教育月刊》（*Davey's Floral and Landscape Educator*），由自己撰寫，油印，發派。這份月刊的編印，幾乎用掉他每個月的薪水，他仍樂此不疲。他照顧樹木的熱情，影響許多對樹木沒有感覺的人。

戴維發現大多數的人不了解樹木，才會做出傷害樹木的行為而不自知。要照顧樹木，需要更多人合作。要合作，要先提供照顧樹木的知識與教育。

他在月刊上寫道：「這份刊物不用訂閱，因為我沒有時間去記錄你的地址。不用付費，因為我沒有時間去寫收據。」因為他不可能撰寫月刊上所有的文章，於是他在教會開設「介紹植物與植物照顧」課程，向有學習興趣的人分享，請他們學習後，寫下心得登在月刊上。

俄亥俄大學歷史學的教授羅拉（Ronald Lora）回顧戴維對樹木的照顧，對文化、經濟的貢獻，他寫道：「美國真正的力量，來自窮人的力量。他們來自農村，他們虔敬、有信心、具有行動力，做事情刻苦耐勞。戴維就是一個例子。」

一八七八年，華倫鎮舉辦「鎮上最受喜愛的人」投票，大家都選戴維。戴維向大家致謝，他沒有藉此機會去選鎮長，仍然在小學擔任校工，戴維說：「我喜歡留在一個角落，照顧樹木。」

戴維把不容易的事情，當成很容易的事做，因為他單純，沒有把事想得太複雜，以至於他有機會去開創幾乎不可能的事。後來，他成名了，並建立世界上規模最大的樹木公司，員工超過一萬人。有人說：「你會成功，是因為掌握了好時機。」戴維說：「我不相信時機，我只是忠心的完成我手上的每一件小事情。」

一八七八年十月，戴維出版第二期月刊，他指出：「我們的一生都在使用植物，怎麼可以不了解植物呢？」「為什麼不要相信命運？機會永遠是給準備好的人。」「喜愛樹木的人有福了，因為你會常在野外，享受大自然。」「永遠不要為你日光之下的工作抱怨辛苦，那是你可以看到植物之美的機會，是你體會大自然奇妙的時候。」

一八七八年十二月，戴維除了注意植物之外，他也注意到一個女孩子——貝莎。她經常在他照顧植物的班上上課，也默默的幫他發送月刊。

一八七九年，戴維與貝莎交往。貝莎被稱為華倫鎮最美麗的女孩，有許多人追求。戴維是個校工，大部分的時間在看樹，不是看人。他經常爬在樹上，而非坐在辦公室。他的薪水是每個月美金七元，也沒什麼儲蓄。除了他的理想與工作認真之外，嫁給他幾乎沒有什麼保障。戴維向貝莎承諾：「我可以把大樹照顧好，一定也可以照顧你。」他們在一八八〇年結婚。只是，後來到底是誰在照顧誰，戴維可能一生都分不清楚。

DAVEY TREE SURGERY
DAVEY TREE SURGERY

14

同行在森林小徑

為什麼貝莎會嫁給他？

這是戴維不解的。

有一天，戴維與歐羅去森林，

他們想探索夜間的貓頭鷹在森林飛翔的路徑，

與林中樹木的關係。

他們必須爬過幾座山，

越過幾條溪澗，攀爬過一些大石頭，

大部分是走在無人走過的小徑。

貝莎問戴維：「為什麼要看貓頭鷹呢？」

戴維說：「貓頭鷹飛在樹木枝葉多層交錯之處，由此可以了解怎麼修樹，才能讓貓頭鷹進來。」

貝莎問道：「我是否可以一起去？」

戴維不明白，貝莎怎麼會對貓頭鷹有興趣。

不久，戴維與歐羅要去森林看胡蜂飛翔，貝莎問：「為什麼要了解胡蜂如何飛翔呢？」戴維說：「胡蜂會吃掉許多蛀樹的蟲子，是最好的天然殺蟲劑。」貝莎又跟他們去。戴維以為她跟去，是要為月刊撰稿。在森林找胡蜂的時候，歐羅與他的狗走到很前面去，讓戴維與貝莎一起走。

後來，有一次戴維與歐羅去河邊看瓢蟲，戴維說：「瓢蟲是花朵與灌木除蟲的好幫手。」貝莎又與他們前往，戴維也欣賞貝莎看瓢蟲的專注力。

戴維用愈來愈多的時間，與貝莎分享他照顧樹木的理念與技術。貝莎大部分時間只是傾聽，後來戴維稱貝莎為「曇花女士」。戴維寫道：「她平常沒有什麼意見，在黑暗的時刻才開花，顯出無與倫比的美。」

他們在一八八〇年一月結婚，貝莎第一個建議，是要戴維辭去校工的工作，自己創業成立「戴維樹木專家公司」（Davey Tree Expert Company），落實自己的理想。當時他們的存款只有美金一元，戴維問道：「只有一元，怎麼成立公司？」貝莎說：「公司是因你對樹木的熱忱而開設，只要這一元沒有用完，公司就不會關門。」起初戴維沒有下定決心，他問妻子：「世界上沒有這種公司，我們會有生意嗎？」貝莎說：「只要堅持這是愛護樹木的公司，世界上所有愛樹的人，都可能會成為我們的顧客。」

戴維的第一個員工，就是歐羅。

15 情繫大地

戴維有許多的理想、經驗與技術，也有很好的品性。他認真、好學。他的困難在於：即使自創行業、開設公司，卻不知道如何跨出第一步。

貝莎建議丈夫，從一個窮鄉僻壤的地方——肯特（Kent）開始。

肯特曾是美國南北戰爭的戰場，許多戰死官兵的埋葬地。一八六五年，戰爭結束後，只有少數的居民。由於周遭土地遼闊，有溪流經過，取水方便，直到一八六七年，才陸續有人搬入，成為新興的城鎮。

戴維認為：「我們在華倫鎮受到廣泛的歡迎，公司在華倫鎮開始，會較順利。」貝莎卻告訴戴維：「美好事物的起始，應該從乏人注意的地方開始，如同美好的大樹，是低調的從樹苗生長起。」戴維問貝莎：「在哪裡成立公司呢？」貝莎說：「肯特。我們在新興的地方成立公司，可以買到便宜的房子，也可以用很少的資金，買到較大的土地，做為日後樹木種苗場、溫室，與放置工具的地方。」

戴維說：「到一個人口不到五百人的地方成立公司，怎麼會有客戶呢？」貝莎堅信會有各地的顧客前來，她說：「照顧樹木的工作，目前都沒人做。有需要時，他們一定會找到這裡。照顧樹木，是高度專業的技術，只有你會做。我們需要注意的不是顧客來源，而是要培養更多人，有這專業技術，才能幫助你，一起去幫助樹木。」「為什麼要選肯特鎮呢？」戴維還是躊躇。

貝莎說：「你曾說你聽到樹木龜裂的聲音，就可以知道樹木的材質、軟硬，與正在承受的壓力。肯特鎮有一大片的墳場，墳場周圍的住家都很貧窮。窮人的孩子較早感受生活壓力，會比較務實。你訓練他們，聘用他們，會發現他們不是游手好閒，而是可造之材，是你未來最好的工作夥伴。」

戴維聽了妻子的建議，搬家到肯特。後來戴維的公司，超過四分之三的員工都來自鄉村，許多住在肯特墳場邊的孩子，長大後都成為戴維公司最有能力與經驗的技術人員。

16

天國的驛站

許多機會，當時看起來不是機會，
甚至使人感到失敗、令人失望，有被侮辱的感覺。
難道準備了那麼多的裝備，
擁有那麼好的技術，
為了追求高尚的理想，
就是要承接低俗的工作？
是的，偉大是從卑微開始，
也許乏人問津的工作，
是打開機會之門的
第一把鑰匙。

一八八一年，戴維成立公司，第一個案子是肯特鎮鎮長委託的「立石墳場」

（Standing Rock Cemetery）景觀改善。這墳場是在一八一〇年設立的，是一些西部拓荒者的亂葬崗。南北戰爭後，又加了許多戰死軍人的墳位。一八六六年，幾個地區的墳場都搬到這裡，立塊大石為標記，因而稱為「立石墳場」。

大眾對於墳場的觀念，是「最不想被人看到的地方」。立石墳場周遭圍繞著鐵絲，平時鐵門緊鎖。墳場內大部分的樹木都砍掉了，或是剪得光禿，以免墳場看來陰森。當時照顧墳場的工作不受重視，委託戴維照顧的費用，是每個月一塊錢。

戴維欣然接受，決定在墳場裡植樹。他先在墳場門口，聚集住在墳場周邊，貧窮家庭的年輕人，問他們要不要來學習。他教導願意學習的人，在墳場種樹、修樹、舖草坪、種花、挖水池、疊石景等，並付薪水。這是賠錢在做事。戴維的父親資助他一些錢，貝莎也回去向父母借錢，來資助丈夫的工作。有在地的人問他：「做這些事有什麼目的？」戴維說：「有良好的植栽，墳場可以變成美麗的公園。當這裡有美麗的環境，就會有許多人喜歡前來。你們周圍居住的房子，也可以賣得更好的價錢。」

又有人問他：「在墳場做事，是否是低賤的工作？」戴維回答：「並非工作讓人尊貴，是因為值得尊敬的人，產生值得尊敬的工作。」又有人問：「在墳場工作，你會不會害怕？」戴維說：「懦弱的人到任何地方工作，都會害怕。在墳場裡工作的目的，就是要掃除人的害怕。」

後來，立石墳場成為美國第一座環境優美的墳場，改變了人們對墳場的看法。許多人前來參觀，墳場果然變成鎮上的景點。參與植栽的年輕人，發現工作成就感，也成為戴維公司的員工。

戴維說道：「許多人以為人安息之後，會到榮耀的天國。地上的墳場，亂七八糟也無所謂。我認為人安息的地方，要像榮耀的園子，是個美好的地方。」

公司第二個客戶，是戴維過去的對手——電力公司。電力公司請他修剪肯特地區電線下方的樹，不影響電線掛設，又能維護美好的樹型。戴維沒有想到，當年反對他的電力公司，反而成為他最大的支持者。

由於這個業務是出乎意料之外得來的，因此戴維立下一個心願：每一年不管公司賺或賠，都捐幾棵樹木給肯特鎮，並負責種植照顧。迄今，肯特是美國最著名的「樹木之城」（Tree City）。成為世界各地都市樹木的維護者，前往見習、參觀的地方。

17

成立乾淨樹木種苗場

他的一生都在打聽，

向那些有獨到之處、會照顧植物的專家請教。

他從不視自己是一個最懂樹木的人。

一八八二年，戴維聽說俄亥俄州有個名叫波厚爾海默（Emil Berholzheimer）的工人，是剛從蘇格蘭來的移民，以溫室種植樹苗的技術，在蘇格蘭的園藝界受人尊重。戴維去拜訪他，向他請教溫室栽培法。波厚爾海默約五十多歲、禿頭，外貌不揚。戴維看他育種的樹苗，幾乎都能存活。

戴維問他關鍵所在，波厚爾海默說：「保護一棵植物，最主要的關鍵，在維持植物的根。許多植物的根部受損，移植後就會有問題。保護植物的根，是所有園藝工作最優先的事。根部的周圍有無數的黴菌，根要有活力，才能不被黴菌感染。」戴維將所聽的內容都記錄下來。

「有些植物無法越冬，要保留根部，其他除去。攜入溫室，覆蓋在潮濕、乾淨的砂質土下。冬天將過去時，取出根部。只留下最有生機的部分，放在七公分深的盆栽砂土下，讓它生長。兩個星期後，移到十公分深的盆子裡栽種；再兩個星期後，移到十五公分深的盆中，再移植到二十公分深的盆中。最後再移到溫室外，移到乾淨的土壤中種植。」

波厚爾海默帶著戴維看。有些植物太大，不適合移植，他就在樹幹周邊圍上毛氈布，或是在植物旁邊搭上木頭架子，以減少植物受到寒害。波厚爾海默說：「遇到寒流來襲，晚上我就拿著毛氈布，給室外的植物加蓋。有時，我不確定植物能否能耐風寒，我就在植物旁邊搭帳棚，夜間陪伴、看守它們。」兩人一見如故，成為好朋友。

後來，戴維常用波厚爾海默做例子，告訴他的員工說：「樹木要站得穩，必須根扎得深。我們的公司開始成立時，是在一片土淺石頭地上，沒有可以仿效的範例。我們需要像波厚爾海默，無論環境如何改變，他總站在樹木這一邊。他對照顧樹木有高度的熱忱，才能永遠保持工作的興趣。很多公司規模大了，就從事多角經營。我們不做別的行業，只專注在照顧樹木。專一的照顧，才能使公司的經營有深度。我相信照顧樹木，是值得令人尊敬的專業，是不斷的學習，是將理想付諸實踐。」

貝莎建議戴維把公司當成學校。工作是不斷學習的地方，他們邀請迪克曼、巴納姆、戴維斯、歐羅、波厚爾海默，擔任顧問。戴維將公司當成學校，常請專家們來立石墳場給年輕人上課。

戴維能看出樹木的各種問題，貝莎有看出每個人優點的眼光，兩人一起合作，將照顧樹木的地方小公司，經營成為都市美化不可或缺的重要企業。

18

不愛批判

戴維相信，
當他從事一件正確且美好的事，
困難的時候，
他的妻子會幫助他，一起挺住。
即使他的公司更賺錢，
也不是要他變得更有名氣，
而是讓正確、美好的事，
更為人知。

一八八三年，貝莎鼓勵戴維，一起到外旅行。他們前往東部，到不同的都市，看樹木的生長與照顧。她認為：「照顧樹木的市場，不是在森林，而是在都市。」

戴維看到許多「樹木專家」對樹木的忽視，以致許多樹木被無辜的砍倒，他非常痛心。他也看到許多都市的發展，政府與居民將樹木視為建設的阻礙，例如砍除樹木，做為防火巷；為了電線桿的設置，將電線經過的樹頂砍除；為了水管與瓦斯管的埋放，將樹木連根砍除；若樹木感染病蟲害，不經醫治就砍伐；為了鋪設道路，將地表土壤挖掉，使底土過硬，造成樹木傾倒。

他看到許多樹木被砍伐，大批的木頭在市場上標售，而且砍下的木頭愈多，賣得愈便宜。戴維很感慨道：「一個國家的美麗，與擁有多少森林成正比。我們損失的是國家最美好的資源。」當時，美國是歐洲最大的木材輸出國。戴維認為：「人類只會使用樹木，卻不會照顧樹木，這是不合理的。」

他到各處考察，愈看愈難過，他描述：「大多數都市樹木的壽命，是大自然裡的樹木壽命的五分之一。都市裡種植的小樹，十棵之中不到一棵能長成大樹。樹木專家不斷換新的樹，或在傾倒樹木的樹穴裡，再種樹，使樹容易再感染。唉，田野的農夫知道如何栽種，都市的樹木專家卻不會照顧樹木。我認為必須發聲，教育大眾，否則樹木只會不斷的毀在無知的人手裡。」

他成立照顧樹木的公司，等於向當時只會砍樹的樹木專家宣戰。他寫道：「我期待公司的成長，有朝一日要終結樹木專家對樹木的屠殺行為。」

貝莎知道丈夫對樹木的愛心，他很容易與砍樹專家起爭執。有時，丈夫在路上，看到有人不當的修剪樹木，會去教導人家，對方認為戴維多管閒事，與他爭執。貝莎會拉緊戴維的手臂，要他冷靜。

貝莎說：「愛樹的人看到有人亂修樹，或把樹木種得東倒西歪，就像老師看到學生寫字，字體寫得歪歪斜斜，字形扭曲。若去打學生或罵學生，學生都會跑掉。老師需要做的是將學生的手扶正，教導他們正確的寫法與坐姿。」

貝莎對丈夫創業充滿信心。她曾對孩子說：「時間會證明，那些胡亂批判的人，是一堆蠢人。我相信你們父親的理念，絕對不會失敗。他愛護樹木，會成為樹木最佳守護者。」

19 我來了，將使都市更美麗

你照顧的樹木，
長得愈高，
你的技術就愈好。——戴維

工業革命後，人口不斷往都市集中。都市過度擁擠，許多都市的居民要求更多開放空間，做為公園。需要公園的呼聲愈來愈大，形成一股強大的勢力，使得全世界的大都市紛紛設立「都市公園」。有別於傳統的「花園」，都市公園以樹木為主。都市公園要有大樹，影響都市居民對樹木的看法，開始重視樹木，人們也漸以都市公園有大樹，做為都市進步的象徵。

歷史上，都市公園的發展，有四個階段：第一階段是一八五〇年開始，將公園建於都市周邊，稱為「都市市郊公園」；第二階段是一八五七年開始，將公園建於都市中間，稱為「都市中央公園」。

這兩階段都是由歐姆斯德（Frederick Olmsted,1822-1903）主導。一八五四年，他在麻薩諸塞州的伍斯特（Worcester）市，建造了美國第一座都市公園——「榆木公園」（Elm Park，面積 26 公頃）。一八五七年，他建造「紐約中央公園」（Central Park in New York，面積 315 公頃），這公園迄今仍被譽為美國各大城排名第一的都市公園。一八七一年，他建造「舊金山金門公園」（Golden Gate Park in San Francisco，面積 412 公頃）。一八七三年，他建造「美國國會山莊公園」（United States Capitol Park，面積 1173 公頃）。

歐姆斯德一開始就將樹木當成是都市公園的主角。在都市公園裡，樹木要長得高大；高大的樹木，是「文化遺產樹」（heritage tree）。樹木不只是過去都市環境的見證，也要好好維護，傳給下一代。樹木的地位大大提升。都市公園不只給人休閒，也成為「樹木的保存空間」。都市公園的樹木能存活，被視為是都市過度人工化後，必須保留的大自然空間。

隨著時代改變，都市裡的樹木，成為衡量都市文化的要項。都市樹木的質量，可以顯示人與樹木的互動關係。樹木在公園裡生長狀況好，成為都市人民文化水準的衡量指標。都市森林，成為都市居民生活品質的象徵。這種改變，使都市樹木，不再放任以往的樹木專家要砍就砍，要鋸就鋸。大家都反對鋸掉文化遺產。但是誰會管理呢？

紐約中央公園成立後，樹木長不大，強風時，樹木易傾倒。當時，紐約市沒有人知道中央公園的樹木要如何維護，結果中央公園裡的樹木倒得更多。

一八八三年，紐約是當時美國第一大城，全國百分七十的輸入品，都由紐約港進口，非常富有。紐約市長埃德森（Franklin Edson）認為應該向外徵聘樹木專家。當時紐約還要再設立五個公園，埃德森提出：「若不會照顧樹木，都市公園設立，反而成為對居民造成危險的地方。」在市議會支持下，紐約市每年提撥一百萬美金來照顧樹木。

許多樹木專家前來應徵，埃德森都不滿意。一八八四年，有人向他提到俄亥俄州有個管理墳場的戴維很會照顧樹木。請一個管理墳場的人來管理紐約中央公園？埃德森是一流的市長，為了做好市政管理，他親函邀請戴維前來。

一八八五年，戴維前往紐約。戴維知道這是歐姆斯德建的公園，原本他不敢接受邀埃德森市長的邀請，畢竟歐姆斯德是都市公園的權威，擁有崇高的地位。但是貝莎鼓勵戴維接受這個任務，她相信丈夫有能力照顧好紐約中央公園的樹木，讓紐約中央公園成為一個最好的展示場，教育全國百姓。

從此，都市公園的發展進入第三階段，一八八五年開始，戴維將公園的樹木照顧妥當，使公園樹木形成「都市森林」，讓這些樹木長成大樹，使鳥類、昆蟲前來棲息，使公園成為「都市生態最豐富的地方」。第四階段是一九〇四年，麥可法蘭德（Horace McFarland）與戴維合作，將藝術創作與都市公園結合。

20

紐約中央公園樹木維護案

我無法解釋，
為什麼會喜愛樹木？
如果再給我幾次選擇職業的機會，
我依然選擇，
照顧樹木。——戴維

一八八五年，埃德森市長與戴維交談過，認為他是唯一能夠執行樹木保護計畫的人，根本不用競標，委託案就交給他了，經費是每年一百萬美元。

戴維沒有立刻承接。他先花一年時間在中央公園調查所有樹木的生長狀況。

一八八六年，他才向紐約市政單位及紐約市的居民代表提出：「中央公園內四分之一的樹木瀕死或已經死亡，無法維護，需要砍倒，以免樹木傾倒、影響居民安全。瀕死樹木的菌害若不清理，也會傳染給其他樹木。四分之一的樹木，已經罹患重病，是我們極力搶救的對象。另有四分之一的樹木，略有問題，只要維護，還可以存活。剩下四分之一的樹木，健康無慮。」報告一出，全市譁然，著名的都市森林公園，大部分的樹木都有問題。

「難道瀕死的樹木，救不回來？」有人問道。戴維答道：「是的。我們需要留下公園的空間，給生長旺盛、有活力的樹木。幾年後，這公園才會有大樹。」

紐約市政府一次就與他簽定十年合約，讓戴維的公司照顧中央公園。經過十年努力，戴維救回百分之九十的重病樹木。十年之後，合約又延長十年，市府的理由是：「能照顧文化遺產的樹木，負責人的經驗、技術、研發方式與維護樹木的方法，也是文化遺產，不能讓其中斷。」戴維說道：「照顧樹木的技術有多深，都市森林的理想就會有多深。」

戴維不是悶著頭做事。他為這案子訓練五百五十位照顧樹木的技術人員，他從公園裡的枯木中挑出一百棵，請廠商將木材做成小玩意，做為樹木沒有好好管理的紀念品。這些紀念品，有許多人搶著買，沒想到因為數量不夠，價錢愈賣愈高。紀念品賣出的所得，他用來採購補植的樹木。

種樹之前，戴維請關心中央公園的民眾來開會，向民眾說明整治公園的計畫。當時來了許多人，後來這些人組成「志工團」，協助戴維。戴維問：「中央公園應該種什麼樹木？」多數人說，要能提供樹蔭，其次是葉子會變色，再其次是花好看、樹形好、會長果子、葉子可泡茶等等。戴維說：「都市公園最需要的樹，最強壯的樹。」

「什麼是最強壯的樹？」立刻有許多人搶著問。戴維的回答，對都市公園的營造帶來長遠影響。戴維說：「強壯的樹，樹徑大、樹齡長、耐強風。強壯的樹，長在合適的環境，需要持續維護，正確的管理。合適的生長環境，最重要有三點：第一是土壤，第二是土壤，第三也是土壤。土壤最重要，其次是持續的維護，每年定期檢查樹木的生長狀態，並且合宜的修剪。再來是樹木的管理，每棵樹木的間距至少要三到四公尺，且要照正確的方法種。樹木有足夠的空間長，就能長的好。」

戴維又向美國農業局（United States Department of Agriculture，簡稱USDA）建議三十種生命力強的樹種，可依不同的氣候環境，從三十種內挑選栽種。如果一開始選對樹種，以後就好維護與管理。

戴維管理紐約中央公園，他花最多時間在改善土壤環境。樹木大都生長在排水不好的地區，若不改善排水與土壤，不可能種出好樹。因為戴維看見問題並加以改善，紐約中央公園成了美國最優美的都市森林公園。

這個案子的執行，使戴維成為著名的人物。許多媒體採訪，他卻始終低調。他需要時間消化公園的問題，做出照顧樹木的判斷，教育更多的同事，訂出照顧都市樹木的全盤計畫。當時他訂出工作項目如下：

1. 定期檢視受損樹木及將倒樹木的鑑定報告。
2. 移除枯樹。
3. 修剪樹木。
4. 移除地面枯枝與腐葉。

5. 以正確方法種植新樹。
6. 注意公園建設物對樹木的影響。
7. 注意公園人行道對樹木生長的影響。
8. 排水與土壤整治。
9. 颶風前的樹木保護。
10. 未來環境變遷對樹木可能造成的風險評估。
11. 繪製公園樹木地圖。
12. 寫下照顧樹木的工作日記，記錄每棵受照顧樹木的生長狀況。

一八九六年，市政府將紐約市三億五千棵樹木，全部交給戴維管理。簽訂工作委託時，許多媒體前來報導。戴維說：「現在我們照顧樹木，以後樹木將照顧我們的都市。」又說：「什麼是都市理想居家環境？家的門口有大樹。」

21

照顧樹木是「樹醫」的工作

要成為優秀的樹木醫？
都是訓練、訓練……
一生的訓練。——戴維

一九〇一年，他將多年的經驗，出版《樹醫生》（*The Tree Doctor*）一書。他率先將樹木的照顧者，稱為「樹醫」。他寫道：「當人生病時，就去找醫生，沒去找屠夫。樹木生病時，我們也要找樹醫，而非鋸木工。」

他在書中一開始就指出：「上帝要人照顧動物與植物，如果照顧的對象生命縮減，或處於半死的狀態，是有虧職守。我們栽種的樹必須『健康』，而非僅僅只是存在。如同健康的孩子，會發出快樂的笑聲，而非一直在哭泣。如果孩子一直在哭泣，是心理受傷，或是身體受傷，我們要去找原因。讓孩子身心健康，才符合上帝創造的法則，達到祂美好的旨意，這是我長期照顧樹木的信念。」

「樹木有生命，照顧樹木，須遵循生命的法則。我不敢說我了解這些法則，或明白所有的細節，但是我不敢忽視我所知道的，且努力實踐。樹木健康與否，與我的所知有關。我總是謙卑的學習，惟恐像某些人自稱是樹木的專家，其實是低估了樹木存在的價值。可惜大多數的人不了解樹木，看不明白。有人以為樹木長得高就好，卻不清楚樹木高的危機；有人以為樹木長得美就好，卻不明白我們追求的美，對樹並不健康。」

過去，從未有人寫照顧樹木的書。戴維在書上寫道：「你若預先把土壤預備好，土壤就會照顧你所種植的樹木。最後，你的收穫就會滿滿。」「樹木的枯枝與落葉，不要視為垃圾，它們是樹木最好的堆肥。用來施肥，能改善土壤。照顧樹木的人，要了解樹木與其落葉、枯枝之間，存在著大自然巧妙的平衡。這些落葉與枯枝的營養，回到土壤，對樹木最有幫助。今年放入土壤內的枯葉，可以提供養分給明年樹上二分之一到三分之二的新葉。」

「成為樹醫，不為爭取眾人注意，而是從事眾人看不見的工作。樹醫生只想如何讓樹木健康、長壽。眾人看不見的工作者，才有更多時間去思考看不見的問題。真正的問題，經常不是眼所能見，就如樹木死亡，經常是從最細微的營養根開始，而後影響較大的側根、豎根，進而是樹葉枯黃、落枝等。」

「都市公園的樹木整治，是一種藝術。要在一堆人為的破壞中，重塑正確；在以往錯誤的泥濘中，保持往前。當我抬起頭，看著樹葉，或是把一片落葉放在手上，我看樹葉奇妙的構造，不禁感受造物的奇妙。」

22

異類中的異類

戴維在紐約中央公園樹木的保護案，受到美國各州政府的重視，紛紛請戴維派人去該州的公園照顧樹木。

戴維到各州設立分公司，起初遭到許多挫折。

麥可法蘭德（Horace McFarland,1859-1948）是美國非常有影響力的建商，被稱為「建築界異類中的異類」。他認為追求建築的美，不如追求都市的美。他的建築物外面都有樹木與花草。他堅持：「樹木，是房地產的一部分。」並首先提出樹木價格計算法。

一九〇二年，他讀到戴維所寫的：「樹醫面對市政的僵化制度，幾乎無能為力。我提出都市公園樹木維護的經費，最常得到的回覆是，都市公園的預算已經這裡分配一些，那裡分配一些，最後要維護樹木的部分只剩下一點點。除非改變市政預算的編法，提升行政官員的素質，否則再好的樹木維護技術也幫不上忙。」

麥可法蘭德認為戴維的困擾，他可以幫忙解決。他回應戴維說：「公園存在的目的，是要讓公園的樹木長得好，而非對周遭居民諂媚。寵壞居民，將是對都市公園的破壞。也不能將公園當成政治服務，否則請來再好的樹木專家，也無法讓樹木長大。」

麥可法蘭德成立「美國公民協會」（American Civic Association），並擔任主席。推動讓有見識的市民，參與市政規畫與公園管理，這也可以提高公民素養，以無私的心看待都市的未來。

都市公園不只是一個可供休憩的地方，它使都市更美，也能促使居民齊心協力改善都市環境。這一波「都市美化運動」（City Beautiful Movement），由麥可法蘭德擔任主席，戴維擔任顧問。

麥可法蘭德倡議：全國的市政建設與規畫，必須要有公民參與，一起協助進行。從此，都市公園的維護，不是由市政府一手主導，而是有民間力量參與的公共事務。麥可法蘭德又推動成立「都市公園之友會」。這一波運動後來被稱為「公園革新」（The Reform Park），使更多民間的創意、教育、公園導覽、藝術創作，與公園結合。

戴維對後世的影響性，不完全是他照顧樹木的技術，還包括影響有錢有勢的人，做對的事，朝愛護樹木前進。

23

遇到喜愛樹木的發明家

戴維經營公司的方式非常有趣，每年公司營運的利潤，分給所有員工，成為美國第一家利潤共享的公司。戴維寫道：「在公司裡每個人都是朋友，我們都愛護樹木。在公司裡，每個人都是老板，因為我們一起合作，照顧樹木。」

伊士曼（George Eastman,1854-1932）是個發明家，是「柯達公司」（Kodak Company）的創始人。一九〇五年，他讀到戴維的著作，大為激賞，前往戴維家拜訪，與他成為朋友。

戴維說道：「住家（home）與地獄（hell），有完全不同的意思。但是有些人的住家，是世界上最像地獄的地方。這些家庭每天影響幾百萬個孩子，使他們成為未來的惡魔。我們要給他們教導，給他們示範，成為美好的聖徒。我們到窮人的社區種樹、花草、美化環境，窮人就會住在美好的地方，讓他們知道住家環境像天堂的意思。」

伊士曼於是委託戴維改善全國最髒的地方。

消息傳出，起初，貧民區的居民反對；要在他們的社區種樹木，不如給他們錢。伊士曼不去回應，他先承攬紐約市「麥迪遜廣場」與「聯合廣場」的環境管理案。他請戴維種植與管理樹木，一年後，廣邀民眾來參觀，讓人知道樹木長得好的地方，環境就會漂亮。同一年，伊士曼舉辦「髒亂地區攝影比賽」，全國名列前茅者，他就出資請戴維前往整治，栽種樹木與花草，他出所有費用。此舉大大的改善貧民區的環境。

戴維去全國最骯髒的地方，不只種樹，也教導窮人如何管理樹木。他寫道：

「樹木要在強風中站立，要靠樹根扎得深；若是根生在地表、淺處，再多也無法抵抗風力。根要扎得深才站得穩。」許多窮人到他的公司學習種樹。他每做完一個案子，就成立分公司，交給當地有心學習的窮人，負責繼續管理。

這件事，引起「石油大王」洛克菲勒（John Rockefeller,1839-1937）的注意，他是當時的世界首富。一九〇六年，洛克菲勒請戴維為他整治位於紐約一座山丘上的家宅，那裡海風很大，他請人種了許多日本竹子、法國橘子樹、中東椰子樹、澳洲桉樹等等，都無法存活。

戴維到了現場，先不講樹木如何，而是問洛克菲勒：「大富豪的房子與庭院，是要奢華，還是單純？」洛克菲勒想了一下才說：「單純。但什麼是單純？」戴維說：「單純，就是建築、庭院與周遭大自然，有最多的聯結，而非種些與環境不相容的植物。」洛克菲勒再問：「如何讓人知道世界的首富，是單純的人？」戴維說：「種一棵大樹，掛上燈，放在城市中央。終夜不熄，讓人前來，免費觀賞。富有不為己，使樹木成為城市之光。」

洛克菲勒照戴維的建議，給紐約一棵巨大的耶誕樹，掛燈成為城市喜悅的象徵。這是大樹布置與城市光廊結合的開始。他委託戴維在他的煉油工廠種樹木，開啟工業區美化成公園的典範。

洛克菲勒看戴維公司的業務多、員工多，公司的存款卻不多，根本沒賺錢，也不想賺錢。他勸戴維不要做老闆：「將自己的經驗教導人，全力推動照顧樹木的技術，培養更多優秀的人才，比當公司的老闆重要。」

戴維在一九〇九年二月四日，將公司的經營交給他的兒子馬汀・戴維（Martin Davey,1884-1946），自己專心發展技術與培養人才。戴維常告訴人：「做對的事，否則什麼都不做。」（Do it right or not at all.）迄今，這句話仍是公司標語，也是樹醫做事的法則。

24

決勝在高處

戴維照顧樹木的技術，
深得眾人信任，因為他將照顧樹木的標準訂得很高，
所以委託給他照顧最安全。
他堅持解決一棵樹木問題，要好幾年，而非立刻看出成效，
他甚至承認自己有所不知，任務有時無法達成。
委託一個自知不足的人，可放心。
他看樹木的眼神，是一種專注的愛，
也帶著一份自知有限的謙卑，
所以委託他照顧，可以信任他。
他面對樹木的問題，有種戰鬥性的意志，
也知需要有別人來協助，
所以委託他照顧，少顧慮。

他堅持愛護樹木，有可以確實執行的方法，
也不斷開發新技術，
所以委託他照顧，任務可達成。
有人批評他太堅持，
批評他不學無術，
批評他學歷低。
他都不回應，
仍如以往，爬上樹頂，
他知道決勝在高處，
不在站立於低下的人。
節省時間的好方法，
是專注工作，
不需要與他們辯論。

一九〇九年，戴維已成美國照顧樹木的第一高手。美國國會聘請戴維管理國會山莊的公園。這公園有超過一百種的樹木，取自美國各州代表性的樹種。種植的樹木，都是各州具有歷史意義的樹木。每棵樹都代表各州對聯邦制的支持，任何一棵都不能倒下。偏偏種植不好，許多樹都倒了。

戴維到國會山莊看了樹木以後，拒絕承接。他的公司在很短的時間，增加到兩千人以上，他需要花時間培養新人，而非接這種大案子。

美國國會邀請不成，乾脆告訴他這是國家的「徵召令」。他還是拒絕接受。戴維認為許多大樹需要移植到合適的地方，不只是知識、經驗與技術，還需要重型機具配合，但是當時並沒有這種移植大樹的設備；如果貿然接受工作，一定失敗。貝莎卻鼓勵他承接此案，她說：「各國的顯要都會來美國國會山莊開會，你將這裡的大樹照顧好，就可讓各國的領袖看到，回去推廣照顧樹木的專業。」

戴維說：「許多樹木種錯地方，必須移樹到較好的地方，但沒有移樹的機械。」貝莎不氣餒，她說：「藉由擔負國會山莊的大樹維護案，向國會提出『預算無上限』，以開發移大樹的技術與設備。」哪有這種案子？沒想到美國總統塔夫脫（William Taft, 1857-1930）特令通過此案。這是美國歷史上，唯一「預算無上限的工程案」。

後來，記者問塔夫脫總統：「為什麼簽准預算無上限的案子？」塔夫脫答道：我相信他的人格。」戴維用這些經費，研發製作搬移大樹的技術。戴維寫道：「遷移大樹，最易犯的錯誤是『倉促』。許多地方不該移種大樹，而該由小樹培養起。大樹不是不能遷移，但有些地方已不適合樹木生長，即使長了大樹，也必須移植，否則土壤被大樹的重量愈壓愈硬，不適合大樹的根系生長。遷移大樹最關鍵的，在於保留大樹的『營養根』。」

「移動大樹的任務困難，需要很高的花費，甚至經常超出預期。若沒有足夠的技術、經費與移植知識，最好不要遷移大樹，否則看著一棵棵移植後的大樹站著等死，就成了大樹的劊子手。遷移時，大樹的營養根若死了，遷移後的樹木便吸收不到水分與養分。這些營養根，大都分布在樹根最前端，細到要用顯微鏡才能看清楚。因此，遷移大樹，必須為了營養根，將大樹周遭的土壤，包成一個大土球，一起搬走。搬運時必須一直保持土壤潮濕，以免營養根死亡。」

「這是很大的工程，需要機械幫忙。例如一棵樹木胸徑一百八十公分，樹木營養根分布的範圍，至少到兩百四十公分。為了樹木存活，要移走的土壤是四百八十公分直徑的土球。開挖的土洞要到直徑五百四十公分，才方便移樹。而往地面下挖，至少要至九十公分深。這樣約可以移走百分之九十的營養根，大樹才有存活的機會。」

移一棵樹木，要挖這麼大的土球？不能因為經費的緣故，退讓一些嗎？

戴維堅持這個數字是他長期在野地觀察、親手作工與解析得來的結果。他指出：「遷移樹木，沒有公式。因為每一棵樹木不同，遷移的方式要依現場判斷。有些人要我提出基本步驟，我不提。因為有了基本步驟，人就失去現場判斷的能力。樹木是要一直累積知識、經驗與研究，一直學中做、做中學。做好一份職業，最重要的不是技術，而是使命。」

一九一五年，戴維製造移動大樹的機械，搭配保護大樹根毛的方法，來保護美國國會山莊的大樹，後來為全世界所仿效。

25 夢想燃燒的一生

能幹的人，永遠不知道自己老了，

喜歡挑戰的人，永遠不知道要退休，

愛學習的人，永遠認為自己還有進步的空間。

有一天，戴維從野外回來，

貝莎叫他去休息，

戴維說：「我不累。」

貝莎堅持：「你是累了。」

戴維問道：「為什麼你會有這看法？」

貝莎說：「你因為夢想，不斷燃燒自己的體力而不自知。」

戴維又問：「你會不會覺得我的夢想不切實際？」

貝莎說：「要讓都市與樹木一起成長，這需要時間。」

戴維對照顧樹木的工作非常勝任，一九一〇年，塔夫塔總統又請他照顧國父華盛頓（George Washington,1732-1799）的維農山莊（Mount Vernon）。

維農山莊是華盛頓的家，面積兩百零二公頃。華盛頓是愛樹的人，他種了許多樹，這些樹木是國家的歷史地標。美國聯邦政府無法管理樹木，到二十世紀初期，這些老樹大都落葉光禿，危危欲倒。

很多人聽過華盛頓在六歲時，砍倒一棵櫻桃樹的故事。其實這是華盛頓逝世十多年後，才傳出的軼事，已經難以考證這個傳說的真實性。華盛頓重視庭園景觀，曾寫道：「要有智慧的管理樹木，愈接近在大自然的原貌愈好。」華盛頓這麼重視樹，或許不會是隨意砍倒櫻桃樹的人。

華盛頓自二十二歲時，開始在住家附近種樹，包括白楊、皂莢、檫樹、楓、山茱萸、棕櫚樹等。華盛頓記錄每棵樹的位置與種類，這也使後人很難更動。華盛頓在十八世紀所種的，到二十世紀已成老樹。戴維知道照顧百年老樹非常艱難，而且不能更動位置，否則有人會說他在破壞歷史。但也無法拒絕，他便接下了這個重任。

戴維曾說：「不能更動園區老樹的位置，又要維護老樹，是非常困難的任務，我認為首要保護樹木的根。」他先測量地形，依等高線建造矮石牆，穩定地形。而後在石牆埋排水管，把土壤下方的積水排走。之後他抬高「樹木的生長區」，讓陽光的熱量，容易進入表土，抑制腐朽菌的生長。

戴維為照顧老樹的工作訂下一條規則。每次出隊五到七人，互相協助。老樹有時會忽然倒下，工作時要特別小心，隊伍中最資深的人，留在地上，綜觀全局，一直工作到結束，也不得離開，以保障隊員的安全。他為每一棵老樹編號，訂下工作計畫，有專人負責，持續維護。

維農山莊的老樹已經獲得改善了，然而有一次颶風來襲，有些老樹倒了。戴維非常自責，他提出要製作一種「空壓噴氣槍」，用高壓空氣，將老樹下的土壤吹鬆，使老樹下方的排水更好，讓空氣流通，以幫助老樹根部呼吸。

但是他試了許多次，製造都失敗。這次幫助戴維的是他最小的兒子——保羅・戴維（Paul Davey），他是個發明家，是全世界第一部「空壓噴氣機」的製造者。

後來，空壓噴氣機成為舉世拯救老樹最廣用的工具。一九一六年，戴維看到小兒子的成功，才放下自己的工作。

26

全世界第一所照顧樹木的學校

在戴維的公司，學生都盡心的學習，因為畢業之後，會被派到各地，獨當一面。

戴維推動「樹醫」的培養，他持續學習，且不斷開發照顧樹木的專業。他寫道：「技術的深度決定了樹醫專業在市場的穩定度。」他將樹醫發展成為具有市場需求的專業領域，培養樹醫從事「商業樹藝」。他也與大學合作，持續研發。他寫道：「照顧樹木的技術，必須要有農業學、土壤學、園藝學、氣候學、植物病蟲害學等知識的裝備。」他聽說麻薩諸塞州立大學（University of Massachusetts）植物學系的史東（George Stone,1850-1941）教授，喜歡照顧樹木。

史東是植物病蟲害的教授，在學校開設「樹藝與公園管理學」課程。史東教授認為學術與商業合作，才能使科學新知轉化為具有市場的新行業。戴維前往麻薩諸塞州立大學拜訪史東，請他擔任樹醫養成教育的老師。

一九〇六年，戴維開設世界上第一所樹醫學校——「戴維實用森林學校」（Davey School of Practical Forestry）。學校的宗旨是：「給願意照顧樹木，來服務眾人的年輕人，有個學習的地方。」

第一年開學，就有四百五十人前來學習。戴維與史東一起出版《樹藝消息雜誌》（*Arborist News Magazine*）報導樹藝發展的新知，而且與各地喜愛樹木的人聯絡，知道各處樹木的問題，並提供解決之道。戴維曾說：「我不計較名利，能給世界保護樹木的觀念，就是我的報酬。」

一九〇九年，戴維將學校改名為「戴維樹木科學學院」（Davey Institute of The Science），並成立「戴維樹木專家公司」（Davey Tree Expert Company），他落實公司就是學校，學校就是公司。他寫道：「要做百年的生意，要持續的投資，而非獲利就殺出。做好生意的人，要有好名聲，而非所做的與所標榜的不相符。」他陸續與康乃爾大學、俄亥俄州立大學研究合作。

他將公司所得的利潤，捐給鄉下學校辦教育。因為許多好的樹醫，出身貧困，雖然缺乏良好教育背景，卻具有高度熱忱。他常到鄉下學校鼓舞學生，給他們來公司實習的機會，給他們資助，回去用所學改善鄉下的環境。他要求學生要有好的品德以及不斷學習的熱忱，以及「樹木就是我兄弟」的心胸。

他愛他的員工，曾說：「我的公司，是一個大家庭。」從一九〇九年至一九一四年，公司的利潤仍然持平，直到一九一五年，才開始有盈餘。一九二〇年，公司終於大賺錢。他終於證明了，照顧樹木是可以賺錢的行業。

戴維的學生，被人稱為「戴維幫」（Davey Gang）。他們像戴維一樣，走到哪裡，都會有人委託照顧樹木。看到別人的樹木有問題，會主動去幫忙，而非有委託案才做。他們大都是中等身材，肌肉堅強、做事確實的人。做事前仔細思索，做事時充滿熱情且專注，個性喜樂，是期待大地更美麗的人。

當時，有些社會改革人士，認為社會問題是富人造成，或因政治不公導致。戴維卻要公司員工默默做事，確實改善環境，用做事成果取代對人或制度的批評。戴維說：「懶惰的人好批評，他們以為用說的就可以使鐵礦變鐵器，坐而言不如起而行。」他鼓勵學生道：「要將每棵樹木當成一本書，仔細的閱讀。」

27

戴維戰鬥營

我只能給你們基本的認識與裝備。
出社會後，你們將像水手，
要經歷各種大風大浪。
要珍惜未來工作的機會，
到公司上班不要以為像個貨物，上了船
由一個地方，等著被送到另一個地方。
這種學習態度，到最後會什麼也沒學到。——戴維給員工的話

戴維對員工非常好，但是要求嚴格。剛進公司的年輕人，必須披掛所有的重裝備，在俄亥俄州寒冷的冬天，爬上樹工作。三年內，要接受超過四個月的訓練，合格後才能正式獲聘。獲聘後，每一年還要受訓四個星期。

戴維要求學員：「你要有比樹木硬朗的身體、鋼鐵般的意志，才能勝任。」學員要邊爬樹，邊察看樹木的問題。他曾說：「本公司不是在招聘愛爬樹的猴子，而是想藉爬樹了解樹木的人。」他警告學員：「如果你從樹上摔下，或有同仁自樹上摔死，或操作機器不當而死，照顧樹木的理想，在那裡就停了。」避免自己受傷，是幫助公司、幫助樹木最好的方法。照顧樹木是件嚴肅的事。

戴維親自當老師做出示範，他要求學員爬樹之前，先要叫出樹木的名稱。戴維說：「任何人找我，要我去解決樹木的問題，他們如果講不出樹名，我就不去。知道樹名，才證明他是真的關心樹木的人。對我們而言，預先知道樹木的名字，尚未出發之前，問題的範圍已經縮小很多。」

戴維教學員在樹上看樹幹的紋路，判斷哪裡有龜裂；看葉子的顏色，判斷樹葉是否正常；還要敲樹幹聽回聲。戴維說道：「健康的樹幹，像是棒球棍打擊到棒球的聲音；低沉的回音，代表樹幹裡有空洞。」戴維又要學員仔細記錄在樹上所看到的昆蟲、黴菌、寄生植物等等，並報告位置。

學員從樹上下來，不能立刻休息，還要趴在地上，聞土壤的味道。戴維說：「若樹木下方有腐臭味，表示樹根已長腐生菌。不要等到腐生菌滋生，才知道出問題。事先就要聞出來，進行消毒或根部截斷。」

初期訓練的地方，都在立石墳場。學員知道在此學習，需要集中注意力，否則容易掉下來，他們戲稱：「掉下去，就是墳場。」即使在寒冬強風中，也要攀繩上樹。戴維鼓勵他們：「爬到樹上，就不要看距離地面有多遠。要保持清醒、冷靜。」

上課的時間都是清晨五點，夏天則會提早到清晨四點。戴維解釋：「想要成為樹醫嗎？你必須是勤勞的人。清晨早起，先上兩個半小時的野外課，當你爬樹爬得汗流浹背、滿臉通紅，那會是多麼的舒服。你再回來吃早餐，任何的食物，都會覺得好吃。」

學員稱此地為「戴維戰鬥營」。戴維對他們說：「你一生工作的競爭力，就是接受訓練再訓練。」剛來的學員問道：「為什麼要如此辛苦的學習？」戴維直接回答：「這是一個機會，看你會不會把握。」

上午上課，下午又要到野外操作，有學員問戴維：「照顧樹木，為什麼要上這麼多課？」戴維說：「頭腦不是空罐頭。只把一些腐臭的東西放進去，久了會變成臭罐頭，空罐頭要放好的東西，才是對頭腦的最佳使用。」

28

推動孩子植樹

戴維的孩子，六歲就與他一起整理庭園。七歲時，已有能力為別人照顧庭園。他要求自己的孩子，用自己所賺的錢，當讀小學、中學至大學的學費。

戴維告訴孩子：

「願你們的一生不靠嘴巴，做出成果。讓人認識學習與工作的價值。」

一九一七年，戴維成為旅行演說家，他推動國家植林，不是名人作秀式的在媒體前種下一兩棵樹，而是鼓勵全國的孩子「起來，每年種一棵樹」。戴維認為：「植樹的種子，要先植在孩子的心裡，以後才有森林保護。今日正確的耕耘，才有下一代正確的共識。」一九一一年，戴維樹木專家公司，已在美國三十一個州及加拿大設立分公司，他將分公司交由員工經營，他則巡迴各地與人分享種樹的重要。

戴維說：「讓都市的孩子來認識樹木，是最好又最便宜的大自然教育。」他說道：「認識樹木由種子開始」、「樹木的特徵在葉子」；他希望孩子注意到「樹木的根、樹幹的紋路、樹木的分叉、樹木的移植等等」。他在公園植樹的土坵下，建造深達一點二公尺的玻璃觀察箱，稱為「根部的觀察箱」（Rhizotron），讓孩子可以爬入箱內，觀看樹根的世界，與根毛的分布。戴維教育孩子：「樹木的美，不單在枝葉與花朵，也在樹根的美。樹上的美，是景觀的美，那是呈現出來的現象，容易改變。土壤下方根系分布的美，才是實質的美。景觀的美，必須連繫地下實質的美，否則是短暫的。」

他也推動都市公園製作樹木統計年報，彙整資料，將資訊傳承。戴維寫道：「資訊的傳承，如同樹木的年輪，資料愈多，愈看得清楚其中的變化。」

戴維與貝莎有八個孩子，一八八〇年蓓兒（Belle Davey）出生，她喜歡拍攝植物，後來成為大自然的攝影師。一八八二年生下威靈頓（Wellington

Davey），他喜愛教育，後來成為肯特小學的老師。一八八四年馬丁・戴維出生，他接下父親的工作，成為公司的董事長。而後三個孩子，都在嬰孩時過逝。

一八九〇年詹姆斯・戴維（James Davey）出生，他從小有不治之症。五歲時，有一天醫生告訴戴維和貝莎，詹姆斯活不過那晚。戴維抱著詹姆斯哭泣，詹姆斯對父親說：「請再給我唱首歌。」戴維唱了，沒想到詹姆斯又多活了六年。這件事情使得這對夫婦後來照顧更多孩子。一八九四年他們生下保羅，他喜愛樹木與機械，研發與照顧樹木相關機械、設備，他後來在公司擔任研發部主任。

29

我看見樹木有看不見的美

一八九一年，戴維推動社區成立「小型公園」，讓孩子有個安全、遊戲的地方。

戴維遊說富人，將他們的龐大庭園，做為大樹可以長期維護的地方。美麗的大樹，不但改善居家周遭的生活環境，也可以增加土地的產值。

戴維告訴富人：「用數字表示的財富，都是有限的富有。給別人美好的環境，讓人感謝，才是不可量測的富有。」為了讓大樹庭園的樹木長得好，他經常挖十二公尺深的大洞，將幾卡車的堆肥堆放到大洞裡再覆土。有人問他：「為什麼挖這麼深呢？」戴維指出：「大部分的樹木，百分之八十的主根在地表六十公分之內，百分之九十九的側根，在地表一百公分之內。但是大樹的根毛，可以深到十二公尺，且自深處吸取到養分與水分。這種大樹，可以經得起大風搖晃與旱災。」他用此勸告富人：「富有的美好，是藏在土壤深處的肥沃，不是將之放在表面，只給人看見。深處的沃土，才能讓樹深深的扎根。」他也勸告富人：「能在大樹下喝茶、休息、看書，是最美好的體會；站在大樹下與人交談，感覺最愉快。」

關於樹木給人帶來的益處，戴維說道：
「當你在庭園中，種幾棵樹木，
你將發現，走在庭園裡，多麼有情趣。
即使有悲傷，也會得到安撫。
樹木與花朵，總是在訴說，天上無聲的信息，
給人帶來神聖的美好。
樹木給人帶來的美好，
無論是孩子、少年人、老年人，
都可以感受到；
無論是窮人與富人，
都可以體會；

無論是未受教育，或是有學問的人，都可以明白。」

戴維曾說：「保護樹木的工作，要贏得他人信任，關鍵在於親手工作，以及身邊有一群踏實的技術工人。這群人有時比科學家更有效能，比研究者更值得信任。他們不是以一套技術重覆操作，而是持續在技術、材料、設備上改良。」

「我們有高度的行動力，不斷在錯誤中改進，使技術更有效率，材料更穩定，設備更易操作。我們不只是健康樹木的代言人，疾病樹木的醫治者，也是瀕危樹木的扶持者。我們關心的不只是自己公司的營業，也期待讓同行技術提升，分享知識。學有專精的專家愈多，樹木將愈加蒙福。」

戴維也聘用許多曾犯法的少年，做植樹的工作，他教導他們：「種樹比抽菸更健康；搬運大樹比與人打架更具探險性；照顧樹木，可以使人更勇敢。」有個少年問戴維：「照顧樹木要爬樹，不是有風險嗎？」戴維說：「人生往往是智慧和風險聯在一起。只要記得，你讓樹木站得穩，你做的工作就愈穩。」

30 公司就是一個大家庭

一九一二年，收音機上市。

一九二〇年，收音機開始每日播放；

同年十月，美國第一個古典音樂聯播網開播，

戴維贊助節目，為了視障者謀福利。

一九一四年，第一次世界大戰發生，戴維許多的員工前往戰場，戴維的公司大門貼一張世界地圖，列出每個參戰員工所在的位置。他寫信給每個參戰的員工，關心與鼓勵他們，祈盼他們平安返回。

世界大戰結束後，這些員工幾乎都回到公司上班。戴維鼓勵單身的員工趕快結婚，沒有女朋友的，戴維就為他們介紹女朋友。戴維認為：「沒有結婚的男人，回到家也得不到休息。得不到休息的人，會精神恍惚。工作時，容易自樹上摔下

來，有生命危險。」

一九一八年，第一次世界大戰結束，歐洲戰場滿目瘡痍，戴維派人到戰場種樹，恢復地景面貌。他期待樹木的成長，可以代表和平的象徵。戰爭期間，交戰雙方使用毒氣，超過一百五十萬軍人成為視障者，且精神上也受到嚴重的創傷。美國派出四百萬軍人參加戰爭，有十一萬人戰死，更有幾十萬名傷兵。傷兵中許多眼盲，國家必須接納這麼多眼盲的軍人，教育他們，幫助他們重回社會，但是政府也沒有照顧這麼多傷兵的經驗，便請求社會支援。

一九二〇年，戴維接受委託，除了請老師指導盲人閱讀點字，也展開另一項工作，將樹木、花朵等當成教育視障者的園地。他指出：「在大自然的庭園裡，帶視障者走路。樹木生長的位置、周遭的石頭大小、庭園周邊欄杆的高度、石子步道路面的粗細，可以重建視障者的記憶。讓他們在自己的腦中，拼構成一幅地圖。他們就以獨立行走，逐漸產生獨立生活的信心。」

一九二一年，戴維有時會胸部悶痛，貝莎勸他：「年紀大了，不要那麼忙。身體不舒服，不要做那麼多事。」戴維說：「照顧樹木，就是休息。」

JOHN DAVEY
JUNE 6. 1846
NOV. 8. 1923
FATHER OF TREE

31

樹木是我的弟兄

冬日，即使樹枝光禿，
樹葉落光，
仍有其美。
那不是樹木的殘骸，
不是最後的剝奪，
而是等待生機，
在春日。

戴維一生都為愛護樹木而工作，他創立的公司生意愈來愈好，利潤愈來愈多，他推出一種服務：「你家庭園的樹木若生病了，或是生長有問題，與我們聯絡。我們照顧你的樹，不只免費，還會給你美金一百元，感謝你給我們機會照顧樹木。」

他說：「我是個忠心的工作者，長期為樹木服務。」一九二三年十一月八日，他一早去看樹木有沒有獲得妥善的照顧，心臟病發作，倒在樹下。他再也不能照顧他的樹木，但是他可以放心，許多願意照顧樹木的年輕人接續他的工作，到各地照顧樹木。戴維死後，葬在他最喜愛的立石墳場。

一九二四年，來自世界各地的四十位樹木專家，聚集在美國康乃狄克州開會，討論樹木照顧的技術、研究與教育。他們組成「國際樹藝協會」（The International Society Arboriculture，簡稱 ISA），並將發起人的榮譽歸給戴維，因他是第一位「樹醫」，他開啟普世對樹木維護的重視。

「國際樹藝協會」不斷有各國喜愛照顧樹木的專家加入，持續發揮影響力——訂定保護都市樹木的法案、推動社區居民參加公園與行道樹的管理。修樹的人必須有樹藝師的證照，並教育更多人愛護樹木的知識等等。

戴維晚年曾說：「照顧樹木的人，永遠要學習，才能了解樹木。如果因為有修樹的機械，因為已有專業和許多經驗，就停止學習，則照顧樹木的工作，將如雪崩式的潰敗，一蹶不起。因此，照顧樹木者的一生，是在學習了解樹木的一生。」

後記

以前，若有人問：

「照顧樹木需要學習嗎？」或

「照顧樹木是一種專業嗎？」

答案是否定的，以致於樹木長得不好，就砍掉。

戴維對世界的貢獻，是把這否定改變為肯定，

改變世人的看法。

要種樹，就要愛護樹。

他提出照顧樹木的十二種技術：

1. 樹木有病時，樹病的診斷技術。

2. 樹木有洞時的修補技術、斷枝裂幹的修護技術。

3. 樹根有病時的微注射技術。

4. 樹木傾斜時的扶正技術。
5. 健康樹苗的篩選技術。
6. 樹木根區土壤（又稱為「基盤」）的整治技術。
7. 樹木的修剪技術。
8. 樹木的施肥、灌溉技術。
9. 樹木的移植技術。
10. 樹木的栽種技術。
11. 樹木配合在地環境的樹型整治技術。
12. 樹木與草地、花園的搭配技術。

戴維首先提出：

照顧樹木，不能只想要使用樹木，而是使樹木健康的生長。
照顧樹木，不是樹木專家的專利，而要教育眾人，使更多人參與。
照顧樹木，是需要真心愛護樹木的人，而非靠修樹、砍樹賺錢的人。
戴維說：「保護樹木的意義，是在保護『愛』，當我保護一棵樹，我們子孫可以用。

當我保護一棵樹，我們與鄰居可以在樹下交談，
當我保護一棵樹，我們的社區、都市會更美麗，
當我保護一棵樹，更多的鳥類、昆蟲會有棲息的所在。
保護一棵樹，是給人們多一個機會，可以學習、體會、分享什麼是愛。」
在科學史上，戴維被稱為「樹醫之父」。
他沒有受過正規的教育，
但是他堅信：
「我們一直在用新的技術，來解決新的問題；
我們應該在不斷變化的世界中，
以愛來維護該有的價值。」

參考文獻

1. Abbot , R.E., 1977. Commercial arboricultural Practices in North America. Journal of Arboriculture. Vol.3. No.8. pp141-145.
2. Kuser, J.E.,2000. Handbook of Urban and Community Forestry in the Northeast. Springer Science & Business Media. U.S.A.
3. Davey, J., 1907. The Tree Doctor: The Care Of Trees and Plants. The Saalfield publishing co. U.S.A.
4. The Davey, Tree Expert. Co., 1927. Saving the Starving tree of Central Park, New York. The Rotarian. Vol.6. PP.66.
5. Tine, W. V. and M. Pierce.（Edited）. Builders of Ohio: A Biographical History. The Ohio State University Press. U.S.A.
6. Ellett, C. W. 1969. A History of the Department of Plant Pathology. The Ohio State University. U.S.A.
7. Jonnes, J. 2006. Urban Forests: A Natural History of Trees and People in the American Cityscape. Penguin Books. U.S.A.
8. Davey, M. L., 1940. Personalities in Industry. Scientific American. Vol.163. No.6. PP.309.
9. Rockwell, F.F., 1917. Around the Year in the Garden. Applewood Books. U.S.A.
10. Linnea, A., 2010. Keepers of the Trees. Skyhorse Publishing. U.S.A.

世界第一位樹醫生————約翰 ・ 戴維（John Davey）

作者	張文亮
繪者	蔡兆倫
社長	馮季眉
編輯總監	周惠玲
責任編輯	吳令葳
編輯	戴鈺娟、李晨豪、徐子茹
美術設計	許紘維

出版	字畝文化
發行	遠足文化事業股份有限公司
地址	231 新北市新店區民權路 108-2 號 9 樓
電話	(02)2218-1417
傳真	(02)8667-1065
電子信箱	service@bookrep.com.tw
網址	www.bookrep.com.tw
郵撥帳號	19504465 遠足文化事業股份有限公司
客服專線	0800-221-029

讀書共和國出版集團

社長	郭重興
發行人兼 出版總監	曾大福
印務經理	黃禮賢
印務主任	李孟儒
法律顧問	華洋法律事務所　蘇文生律師
印製	中原造像股份有限公司

2018 年 11 月 14 日　初版一刷

2021 年 01 月　初版五刷

定價：320 元

書號：XBLN0014

ISBN：978-957-8423-64-0

國家圖書館出版品預行編目 (CIP) 資料

世界第一位樹醫生：約翰 . 戴維 (John Davey) / 張文亮著；蔡兆倫繪 .
-- 初版 . -- 新北市：字畝文化創意出版：遠足文化發行，2018.11
176 面；　17×23 公分
ISBN 978-957-8423-64-0(平裝)

1. 戴維 (Davey, John, 1846-1923) 2. 傳記

784.18　　107018568